ET SCHOLAE ET VITAE

Humanistische Beiträge zur Aktualität der Antike
für Karl Bayer
zu seinem 65. Geburtstag

Herausgegeben von
Friedrich Maier und Werner Suerbaum
unter Mitarbeit von Gabriele Thome

1985
Bayerischer Schulbuch-Verlag · München

Die Publikation wurde ermöglicht durch Zuwendungen
des Bayerischen Staatsministeriums für Unterricht und Kultus
des Landesverbandes Bayern im Deutschen Altphilologenverband
und der Elisabeth J. Saal-Stiftung zur Förderung der Humanistischen Bildung in Bayern

1985
1. Auflage
© Bayerischer Schulbuch-Verlag
Hubertusstraße 4, 8000 München 19
Satz: FotoSatz Pfeifer, Germering
Druck und Bindung: Passavia, Passau
ISBN 3-7627-8225-3

Inhalt

Geleitwort des Bayerischen Staatsministers für Unterricht und Kultus 5

Ernst Heitsch
Erfolg als Gabe oder Leistung 7

Uvo Hölscher
Das Schlußwort der „Sieben gegen Theben" 14

Hans Schober
Die Natur – Befreierin oder Zwingherrin?
Zum Lektüreprojekt des zweiten Kurshalbjahres im Leistungskurs Griechisch 17

Albert von Schirnding
Notiz zu Menander 19

Werner Suerbaum
„Und der Stern zog ihnen voraus"
Zum Motiv der göttlichen Leitung der Fahrt des Aeneas bei Vergil und in der
vorvergilischen Tradition 22

Heinrich Naumann
125 Jahre „Vita Donatiana" des Vergil
Zur Geschichte einer Fehlzuweisung 33

Friedrich Maier
Die Aeneis in Hermann Brochs „Der Tod des Vergil"
Ein rezeptionsgeschichtlicher Exkurs im lateinischen Lektüreunterricht 41

Ludwig Voit
Caesars Apotheose in der Darstellung Ovids 49

Ernst Rieger
Sed vetuere patres
Nachdenkliches zu Ovids „Pyramus und Thisbe" (Met. IV 55–166) 57

Alfons Städele
Et commotus his Avitus ...
Barbarenschicksale bei Tacitus 59

Otto Schönberger
Zwei Bedingungssätze 67

Raimund Pfister
Wie humanistisch ist die lateinische Schulgrammatik? 73

Klaus Westphalen
Über angebliche Irrwege in der Bildungspolitik 81

Peter Neukam
Gezählte Jahre?
Gedanken zur jüngsten Geschichte des Gymnasiums in Bayern 91

Ludwig Häring
BASIC und PASCAL gegen Latein? 97

Schriftenverzeichnis von Karl Bayer 104

Autorenverzeichnis 112

Geleitwort

Am 28. Juli 1985 vollendet Dr. Karl Bayer sein 65. Lebensjahr und scheidet damit kraft Gesetzes aus dem aktiven Dienst des Bayerischen Staatsministeriums für Unterricht und Kultus aus, dem er auf den Tag genau dreizehn Jahre lang angehört hat. In dieser Zeit habe ich den Leitenden Ministerialrat Dr. Bayer als außerordentlich klugen, geistig gewandten und fachlich höchst kompetenten Mitarbeiter kennengelernt, dessen Rat und Hilfe ich jederzeit gerne und im sicheren Vertrauen auf sein sachlich wie menschlich treffliches Urteil angenommen habe.

Sein Wirken im Ministerium fiel in eine stürmische Zeit. Der Studentenrevolte schien Anfang der siebziger Jahre der Aufstand der Schüler zu folgen. In dieser Zeit die Neugestaltung der gymnasialen Oberstufe in die Hand zu nehmen war für einen feinsinnigen Gelehrten und Pädagogen ein hartes Stück Arbeit; denn oft genug galt es, nicht nur mit differenzierten Entwürfen und Verwaltungsakten planend und ordnend einzugreifen, sondern das schließlich Erreichte auch auf dem offenen Marktplatz, vor aufsässigen Schülern und hartnäckig fragenden Eltern, zu erläutern und zu verteidigen. Karl Bayer hat das mit Tapferkeit, Standfestigkeit und großer Klugheit getan – immer mit dem wachen Auge des Erziehers für die Nöte und Bewegungen der Zeit. Er ist mir in jenen Jahren ein unentbehrlicher Begleiter geworden. Ich schulde ihm viel.

Hier und heute aber gilt es, Karl Bayer als den zu rühmen, der er trotz aller bürokratischen Belastungen und Beanspruchungen immer geblieben ist: als den herausragenden Kenner und Liebhaber der Sprachen Griechisch und Latein. Hinter all seinem Tun als Mitarbeiter im Institut für Gymnasialpädagogik, dem Vorläufer des jetzigen Staatsinstituts für Schulpädagogik und Bildungsforschung, als Oberstudiendirektor des Wittelsbacher-Gymnasiums München und als Referent der Gymnasialabteilung im Kultusministerium habe ich bei Karl Bayer immer das tiefgehende fachwissenschaftliche Interesse an der klassischen Philologie verspürt und seine stete Bereitschaft erfahren, andere an seinem umfassenden Wissen teilhaben zu lassen.

Schüler, Studenten und Lehrer der alten Sprachen in Bayern und weit darüber hinaus verdanken der unermüdlichen Schaffenskraft dieses Mannes eine Fülle von methodischen und didaktischen Anregungen; Unterrichtswerke, Lehrbücher, Texteditionen und einfühlsame Interpretationen antiker Autoren belegen sein Können. Es freut mich sehr, daß bayerische Altphilologen zu seinem 65. Geburtstag eine Festschrift verfaßt haben, die Dr. Karl Bayer als klassischen Philologen und, wie ich meine, als Humanisten im besten Wortsinne ehren soll. Möge diese Festschrift weiten Anklang finden!

Professor Dr. Hans Maier
Bayerischer Staatsminister für Unterricht und Kultus

Ernst Heitsch

Erfolg als Gabe oder Leistung

1.

Einzugestehen, daß mit der eigenen Kraft nichts oder doch nicht alles getan ist, braucht auch dem aufgeklärten Menschen unserer Tage nicht völlig fernzuliegen. Das Geschehen, in das er verwickelt, den Erfolg seiner Handlungen, seine Reaktionen und eigensten Gedanken nicht so steuern zu können, wie er wohl wünschte, ist jedenfalls eine Erfahrung, die niemandem erspart bleibt. Wie jedermann lernt, gibt es Faktoren, die das Leben bestimmen und über vieles schon entschieden haben, bevor der einzelne auch nur daran denken kann, selbst in das Geschehen einzugreifen und eigene Ziele zu verfolgen. Er mag dann von Schicksal, Zufall, Vererbung oder sozialer Abhängigkeit sprechen; frömmere Gemüter werden eher meinen, die Führung einer göttlichen Hand zu spüren. Aber selbst noch in den bildungspolitischen Diskussionen der Gegenwart kommen optimistische Theoretiker, die auf den Fortschritt setzen, und jene Politiker, die sich der Förderung der Volksbildung verpflichtet fühlen, ohne den Begriff der ‚Begabung' kaum aus, mag mancher auch geneigt sein, den eigentlichen Bedeutungsgehalt des Wortes („keine Gabe ohne Geber") als bloße Metaphorik zu vernachlässigen.

Die Art und Weise, wie die Bedingtheit menschlicher Handlungen und Leistungen beschrieben und gedeutet wird, ist heute vornehmlich Sache der Erziehung, der Konvention, des politischen oder weltanschaulichen Standpunktes oder auch bewußter Entscheidung. Und mag der einzelne gerade auch in seiner diesbezüglichen Wahl oder Neigung entscheidend durch sein Herkommen geprägt sein, so stehen jedenfalls der Öffentlichkeit insgesamt heute durchaus mehrere Deutungsmöglichkeiten offen. Das war nicht immer so. Frühe Zeiten sind hinsichtlich der Formen, die für eine Beschreibung menschlicher Existenz bereit stehen, eingeschränkter; und etwa die Möglichkeit, Erfolg und Sieg als das Ergebnis persönlicher Leistung und *nicht* als göttliche Gabe zu verstehen, ist als solche tatsächlich erst im Zuge einer geistigen Entwicklung gesehen worden, in deren Verlauf Welt und Umwelt sozusagen entgöttlicht und zunehmend unter profanen Kategorien begriffen werden.

2.

Daß das Geschehen auf Erden von den Göttern bestimmt wird, ist eine Überzeugung, der die Sänger des frühgriechischen Epos vielfältigen Ausdruck geben.

So ist, was sich in unserer Ilias abspielt, in Wahrheit nichts anderes als das, was Zeus beschlossen hatte: Διὸς δ'ἐτελείετο βουλή (A 5); eine Formel, die ebenso der Dichter der

Kyprien (fr. 1,7) verwendet und die sich auch in der Odyssee findet (λ 297). In ihr, die entsprechend dem jeweiligen Zusammenhang variiert werden kann (Διὸς μεγάλου διὰ βουλάς, θεῶν ὀλόας διὰ βουλάς, Ἀθηναίης διὰ βουλάς), gewinnt eine epische Grundanschauung ihren formelhaften Ausdruck, von der alle Beteiligten sich bestimmen lassen: Die einen resignierend, weil die eigenen Hoffnungen gescheitert sind, die anderen dankbar, weil sie das Ziel ihrer Wünsche erreicht haben.

Denn die Götter haben ihre Pläne, und sie allein und vor allem Zeus sind in der Lage, sie auch zu verwirklichen. Zeus ist der Götter höchster und mächtigster (θεῶν ὕπατος καὶ ἄριστος); übermächtig wie er ist (ὑπερμενής), gilt allein ihm die Anrede κύδιστε μέγιστε. Nickt er dem Bittenden schweigend Gewährung, so erbebt der Olymp (A 524–530). „Durch Zeus sind die Menschen ruhmlos oder berühmt, bekannt oder unbekannt. Leicht gibt er Gedeihen oder drückt nieder, läßt schwinden den Ansehnlichen, wachsen den Niederen, macht gerade den Krummen und verdorrt den Stolzen" (Hes. Op. 3–7). Er herrscht über Götter und Menschen (B 669 ὅς τε θεοῖσι καὶ ἀνθρώποισιν ἀνάσσει); oder wie Hesiod sagt, er ist ihrer aller König (θεῶν βασιλῆι καὶ ἀνδρῶν). Bei ihm oder bei den Göttern liegt das Ende von allem Guten und Bösen (Hes. Op. 669 ἐν τοῖς γὰρ τέλος ἐστὶν ὁμῶς ἀγαθῶν τε κακῶν τε).[1] Demgegenüber gelangen die Handlungen der Menschen oft nicht an ihr Ziel: ἀλλ' οὐ Ζεὺς ἄνδρεσσι νοήματα πάντα τελευτᾷ (Σ 328), οὐδέ τι πάντα τελείεται ἀνθρώποισιν (τ 561). Der Mensch mag und muß sich mühen, doch der Erfolg liegt in den Händen der Götter: αὐτὰρ ὕπερθε νίκης πείρατ' ἔχονται ἐν ἀθανάτοισι θεοῖσιν (H 101).[2]

Ihren prägnantesten Ausdruck findet diese Anschauung in der Rede von den δῶρα θεῶν:

Γ 64[3]   μή μοι δῶρ' ἐρατὰ πρόφερε χρυσέης Ἀφροδίτης·
οὔ τοι ἀπόβλητ' ἐστὶ θεῶν ἐρικυδέα δῶρα,
ὅσσα κεν αὐτοὶ δῶσιν, ἑκὼν δ' οὐκ ἄν τις ἕλοιτο.

Υ 265   ὡς οὐ ῥηίδι' ἐστὶ θεῶν ἐρικυδέα δῶρα
ἀνδράσι γε θνητοῖσι δαμήμεναι οὐδ' ὑποείκειν.

Ω 527   δοιοὶ γάρ τε πίθοι κατακείαται ἐν Διὸς οὔδει
δώρων οἷα δίδωσι κακῶν, ἕτερος δὲ ἑάων.

534   ὡς μὲν καὶ Πηλῆι θεοὶ δόσαν ἀγλαὰ δῶρα
ἐκ γενετῆς· πάντας γὰρ ἐπ' ἀνθρώπους ἐκέκαστο
ὄλβῳ τε πλούτῳ τε, ἄνασσε δὲ Μυρμιδόνεσσι,

---

[1] Dichter des 7. und 6. Jhs. übernehmen das: Archil. 298 W. Ζεὺς ἐν θεοῖσι μάντις ἀψευδέστατος καὶ τέλος αὐτὸς ἔχει. Semonides 1 W. ὦ παῖ, τέλος μὲν Ζεὺς ἔχει βαρύκτυπος πάντων ὅσ' ἐστὶ καὶ τίθησ' ὅκῃ θέλει. Solon 13,17 W. ἀλλὰ Ζεὺς πάντων ἐφορᾷ τέλος.
[2] Übernommen von Archilochos: νίκης δ' ἐν θεοῖσι πείρατα (111 W.). Vgl. ferner P 514–15, Υ 435–37.
[3] Vgl. Γ 54 οὐκ ἄν τοι χραίσμῃ κίθαρις τά τε δῶρ' Ἀφροδίτης.

καὶ οἱ θνητῷ ἐόντι θεὰν ποίησαν ἄκοιτιν.
ἀλλ' ἐπὶ καὶ τῷ θῆκε θεὸς κακόν, ...

ζ 188
Ζεὺς δ' αὐτὸς νέμει ὄλβον Ὀλύμπιος ἀνθρώποισιν,
ἐσθλοῖς ἠδὲ κακοῖσιν, ὅπως ἐθέλῃσιν, ἑκάστῳ·
καί πού σοὶ τάδ' ἔδωκε, σὲ δὲ χρὴ τετλάμεν ἔμπης.

η 132[4]
τοῖ' ἄρ' ἐν Ἀλκινόοιο θεῶν ἔσαν ἀγλαὰ δῶρα.

σ 134
ἀλλ' ὅτε δὴ καὶ λυγρὰ θεοὶ μάκαρες τελέσωσι,
καὶ τὰ φέρει ἀεκαζόμενος τετληότι θυμῷ.

142
ἀλλ' ὅ γε σιγῇ δῶρα θεῶν ἔχοι, ὅττι διδοῖεν.

190
τέως δ' ἄρα δῖα θεάων / ἄμβροτα δῶρα δίδου, ...

h.Apol. 189[5]
Μοῦσαι μέν θ' ἅμα πᾶσαι ἀμειβόμεναι ὀπὶ καλῇ
ὑμνεῦσίν ῥα θεῶν δῶρ' ἄμβροτα ἠδ' ἀνθρώπων
τλημοσύνας, ὅσ' ἔχοντες ὑπ' ἀθανάτοισι θεοῖσι
ζώουσ' ἀφραδέες καὶ ἀμήχανοι, ...

h.Dem. 147[6]
Μαῖα, θεῶν μὲν δῶρα καὶ ἀχνύμενοί περ ἀνάγκῃ
τέτλαμεν ἄνθρωποι· δὴ γὰρ πολὺ φέρτεροί εἰσιν.

Die Götter geben ebenso die charakterlichen Eigenschaften wie das Hab und Gut, sie bestimmen das Geschehen, in das der Mensch verwickelt, und den Erfolg oder Mißerfolg, der seinen Handlungen beschieden ist. Niemand soll daher die ‚Begabung' eines anderen tadeln, auch wenn er selbst sie für sich nicht wählen würde. Denn von den Göttern kommt alles, alles ist Gabe. Und der Mensch hat nur die Möglichkeit, auch das Schlimme hinzunehmen und zu tragen.

Weil das so ist, bleibt gerade auch in kritischen Augenblicken nur, den erhofften Erfolg von den Göttern zu erbitten. Wofür das Epos denn auch ein festes Formular entwickelt hat: Auf einen Anruf (oft: κλῦθι ‚erhöre') folgt die Bitte (oft: δός ‚gib', mit folgendem Infinitiv),[7] dann als Abschluß ein Vers wie „So sprach er bittend, ihn aber erhörte ..."

---

[4] Vgl. Π 86.381.867, Σ 84, Τ 3.18, Υ 268, Φ 165.594.
[5] Für h.Apol. 187–197 s. Hermes 92, 1964, 257–264. Zur Bedeutung von θεῶν δῶρ' ἄμβροτα ἠδ' ἀνθρώπων τλημοσύνας E. Risch in LfgrE s.v. ἄμβροτος unter B 2 und M. Schmidt ebd. s.v. δῶρον unter 2b. Schmidt, wenn auch nicht ohne Bedenken, meint dann allerdings doch, die ‚Gaben der Götter' bedeuteten hier nicht das Schicksal der Menschen als Gabe der Götter, sondern die Gaben, die die Götter sich selbst geben, also ihren eigenen Besitz, ihre Glückseligkeit. Er übersieht dabei, daß an allen von ihm unter 2 b aufgeführten Stellen δῶρα diese Bedeutung nur dann annimmt, wenn ein Geber dieser Gabe (meist Zeus, wie Schmidt selbst sagt) eigens genannt wird. Daß aber die Gaben, die Zeus den Göttern gewährt, andere sind als die, die er den Menschen gibt, ist nicht verwunderlich; doch nirgends bedeutet δῶρα den ‚Besitz' der Götter und δῶρα θεῶν die Geschenke, die sie selbst erhalten.
[6] = 216f. ἀλλὰ θεῶν μὲν δῶρα καὶ ἀχνύμενοί περ ἀνάγκῃ τέτλαμεν ἄνθρωποι, ἐπὶ γὰρ ζυγὸς αὐχένι κεῖται.
[7] Γ 322.351, Ε 118, Ζ 307.476, Η 203, Κ 281, Π 524, Ρ 646, Ω 309, γ 60, ζ 327.

(ὣς ἔφατ' εὐχόμενος, τοῦ δ' ἔκλυε...).[8] Nicht jede Bitte allerdings findet ihre Erfüllung; die Troerinnen etwa wenden sich an ihre Stadtgöttin vergeblich.[9] Doch an der Grundeinstellung der epischen Personen ändert sich deshalb nichts; auch im Sieg des Gegners anerkennt der Unterlegene die Gabe der Götter (P 627 Ζεύς, ὅτε δὴ Τρώεσσι δίδου ἑτεραλκέα νίκην).

3.

Im Rahmen dieser festen Anschauung erst kann nun die Eigenart solcher Stellen deutlich werden, wo gerade in der Reflexion darauf, daß gegebenenfalls auch der Gegner den göttlichen Beistand erfleht und erhält, ein profaneres Denken sich anzukündigen beginnt.

Wenn aller Erfolg Gabe ist, so durfte als sicher gelten, daß auch der Gegner sich an die Götter wandte. Und so mußte an und für sich der Gedanke naheliegen, diesen Umstand im eigenen Gebet zu berücksichtigen. Wofür es verschiedene Möglichkeiten gab. So konnte der Bittende an die Opfer erinnern, die der Gott von ihm, der nun in Not sei, empfangen habe; er konnte aber auch an den Beistand erinnern, den der Gott in der Vergangenheit ihm oder einst schon seinem Vater geleistet habe. Charakteristisch für Hilferufe dieser Art ist der Versuch, die Götter durch Argumente und den Hinweis auf früheres Geschehen zu veranlassen, dem Rufenden besonderes Gehör zu schenken. Das frühe Epos kennt hierfür zahlreiche Beispiele.

Doch bot sich auch ein anderer Weg; und er ist der für den späteren Betrachter eigentlich interessante. So konnte der Beter den Göttern entweder nahelegen, dem Gegner und Konkurrenten um göttliche Gunst jedenfalls nicht gewogener zu sein und also beide Seiten gleich zu begünstigen, auf daß es dann ein ehrenvolles Unentschieden gäbe. Oder aber man konnte darum bitten, daß sich die Götter aus dem Geschehen heraushalten; in welchem Falle man in der Lage sei, für den eigenen Erfolg selbst zu sorgen.[10] Für beides – für die Bitte um ein von den Göttern geschenktes Unentschieden wie für die Bitte um Neutralität der Götter und damit um freie Bahn für die eigene Tüchtigkeit – gibt es im Epos, wenn mir nichts entgangen ist, nur je einen Beleg.

Im 7. Buch der Ilias fordert Hektor zum Zweikampf heraus. Als das Los schließlich auf Aias fällt und die beiden Kämpfer sich bereit machen, flehen die Achaier zu Zeus:

202 Ζεῦ πάτερ, Ἴδηθεν μεδέων, κύδιστε μέγιστε,
     δὸς νίκην Αἴαντι καὶ ἀγλαὸν εὖχος ἀρέσθαι·

---

[8] Dieser Vers begegnet etwa 15mal.
[9] Z 311 ὣς ἔφατ' εὐχομένη, ἀνένευε δὲ Παλλὰς Ἀθήνη. Vgl. auch B 419, Γ 302.
[10] Hierzu gibt es eine Variante, die etwa lautet: Wenn die Götter den Gegner jedenfalls nicht mehr begünstigen als mich, dann werde ich selbst Manns genug sein, mich – ohne ihre Hilfe, nur mit eigener Kraft – durchzusetzen.

εἰ δὲ καὶ Ἕκτορά περ φιλέεις καὶ κήδεαι αὐτοῦ,
ἴσην ἀμφοτέροισι βίην καὶ κῦδος ὄπασσον.

Das Gebet enthält ausdrücklich zwei Wünsche: Zunächst und in erster Linie wird der Sieg für den eigenen Mann erbeten, dann – für den ungünstigeren Fall, daß auch der Gegner göttliches Gehör findet – ein Unentschieden. „Solltest du aber auch Hektor lieben und dich um ihn sorgen, so verleihe beiden gleiche Gewalt und gleichen Ruhm." Wie sich dann in einem Kampf über mehrere Runden zeigt, sind die Gegner in der Tat ebenbürtig; als sie schließlich ein viertes Mal und nun – nachdem das Schleudern und Stoßen der Speere und das Werfen von Steinen keine Entscheidung gebracht hatten – mit dem Schwert aufeinander losgehen, werden sie von den Herolden getrennt: „Kämpft und streitet nicht mehr; denn Zeus liebt euch beide" (279). So endet das Duell unentschieden und für beide ehrenvoll.

Die Darstellung des Zweikampfes Hektor-Aias hält sich, wie leicht zu sehen, streng im Rahmen der genuin epischen Anschauung, daß Erfolg von den Göttern kommt: Zeus liebt beide Kämpfer und gibt ihnen daher gleichen Ruhm. Ganz anders demgegenüber eine merkwürdige Szene im 20. Buch, wo ein bis dahin nicht gehörter Ton angeschlagen wird.

Apoll in Gestalt des Priamossohnes Lykaon fordert Aineias auf, Achill entgegenzutreten (79 ff.). Aineias, von diesem Gedanken nicht sonderlich erbaut, erinnert daran, daß er schon einmal Achill nur mit knapper Not entkommen sei. Gegen Achill könne man, wie die Erfahrung lehre, nicht kämpfen, da immer einer der Götter bei ihm sei, um ihn zu schützen:

97 τῷ οὐκ ἔστ' Ἀχιλῆος ἐναντίον ἄνδρα μάχεσθαι·
    αἰεὶ γὰρ πάρα εἷς γε θεῶν, ὃς λοιγὸν ἀμύνει.
    καὶ δ' ἄλλως τοῦ γ' ἰθὺ βέλος πέτετ', οὐδ' ἀπολήγει
100 πρὶν χροὸς ἀνδρομέοιο διελθέμεν. εἰ δὲ θεός περ
    ἶσον τείνειεν πολέμου τέλος, οὔ κε μάλα ῥέα
    νικήσει', οὐδ' εἰ παγχάλκεος εὔχεται εἶναι.

Hier sind zunächst die Verse 97–100 unmittelbar verständlich und ohne eigentliche Besonderheit: Achill, so behauptet Aineias, hat (erstens) immer einen Beschützer, und (zweitens) ist „auch sonst" sein Geschoß erfolgreich. Allenfalls macht die Wendung καὶ ἄλλως dem Leser eine gewisse Schwierigkeit; ist im Kontrast zu Vers 98 gemeint: „Und unter anderen Umständen (nämlich beim Angriff) ist seine eigene Waffe zielsicher"? Oder hat ἄλλως hier nur die blassere Bedeutung ‚sonst' im Sinne von ‚im übrigen'?[11]

---

[11] Angesichts entsprechender Parallelen ist man zunächst geneigt, καὶ ἄλλως im Sinne von ‚auch ohnehin' zu verstehen; etwa: Achill hat immer göttlichen Beistand, er, der ohnehin stark genug ist. Doch diese Auffassung scheitert daran, daß Vers 98 auf die Verteidigung, Vers 99 aber auf den Angriff geht. So wie der Text

Nachdenklicher dagegen stimmen die folgenden Worte, in denen verblüffenderweise Aineias sich überzeugt zeigt, Achill nicht nur gewachsen zu sein, sondern ihn gegebenenfalls auch besiegen zu können. Denn wenn er die Litotes[12] „Nicht leicht würde Achill mich besiegen" fortführt mit den Worten „auch wenn er sich rühmte, ganz aus Erz zu sein", so ist klar, daß er denkt: „Mein Gegner würde mich nicht nur nicht besiegen, sondern er würde mir unterliegen, mag er auch noch so gepanzert sein."[13] Allerdings stellt Aineias seine Zuversicht unter eine Bedingung: Die Götter müßten für gleiche Chancen sorgen; was bedeuten würde, daß entweder Athene jedenfalls einmal ihren Schützling Achill sich selbst überläßt und die Götter in den Kampf nicht eingreifen, oder daß beide Kämpfer göttliche Hilfe in gleicher Weise erfahren.[14]

Die Vermessenheit dieser im frühgriechischen Epos singulären Äußerung grenzt nun allerdings an Blasphemie. Sie enthält ja nicht bloß den Vorwurf, daß Achill in unfairer Weise immer göttliche Hilfe erfährt – eine solche Behauptung bewegt sich durchaus noch innerhalb der im Epos herrschenden Anschauung –, sondern hier behauptet ein Spre-

---

lautet, spricht er von zwei oppositionellen Verhältnissen: zum einen ‚mit göttlicher Hilfe (98) – mit eigener Kraft (99–100)', zum anderen ‚Verteidigung (98) – Angriff (99–100)'. Jede dieser beiden Oppositionen ist in sich klar und verständlich, aber sie passen nicht recht zusammen. Was übrigens jede präzise Übersetzung, z. B. auch die Schadewaldts, deutlich werden läßt: „Steht bei ihm doch immer einer der Götter, der ihm das Unheil abwehrt. Und sonst auch fliegt sein Geschoß gerade und läßt nicht ab, bis es durch menschliche Haut gedrungen ist." Was meint hier ‚und sonst auch'? Anders als im vorliegenden Text würden die Worte ‚und sonst auch' z. B. dann einen eindeutig faßbaren Sinn erhalten, wenn es vorher statt „der ihm das Unheil abwehrt" heißen würde „der ihm hilft (nämlich in Verteidigung *und* Angriff)". Eine Parallele für die eigentümlich unpräzise Art, wie die formelhafte Verbindung καὶ ἄλλως hier verwendet ist, scheint es im frühen Epos nicht zu geben. Im LfgrE s.v. ἄλλως ist ausgerechnet Υ 99 nicht berücksichtigt.

[12] H. Lausberg: Handbuch der literarischen Rhetorik, München ²1973, §§ 586–88.

[13] Der Sinn der Litotes „Nicht gerade leicht würde er siegen, auch nicht, wenn er sich brüstet, ganz aus Erz zu sein" ist natürlich: Ich, nicht er würde siegen. Für den ironisch mildernden Sprachgebrauch in zuversichtlichen Voraussagen vgl. etwa Υ 362–63; speziell aber für die Litotes ‚nicht leicht = überhaupt nicht' besonders Μ 53–54.58, Υ 265, Ω 566–67. Und ‚ganz aus Erz' meint natürlich ‚unverwundbar'; vgl. Δ 510–11, wo Apollon die Troer durch den Hinweis zu ermutigen sucht, daß die Haut der Gegner nicht Stein und nicht Eisen sei. Der Bedingungssatz „auch nicht, wenn er ganz aus Erz zu sein sich rühmt" behauptet also gerade die Verwundbarkeit Achills (sofern ihm nicht von Göttern geholfen wird) und damit die Siegeszuversicht des Aineias. Den Sinn der fraglichen Worte hat denn auch bisher wohl tatsächlich nur L. H. Lenz nicht verstanden in seiner verfehlten, ob ihrer vorbehaltlos unitarischen Tendenz gleichwohl von A. Heubeck (Gymnasium 89, 1982, 427–28) mit Beifall bedachten Frankfurter Dissertation: Der homerische Aphroditehymnus und die Aristie des Aineias in der Ilias, Bonn 1975, S. 237–41. Zuzugeben ist allerdings, daß eine Äußerung der oben charakterisierten Art im Munde des Aineias und noch dazu an dieser Stelle der Dichtung, wo Achill sich anschickt, Rache für Patroklos zu nehmen, nicht sonderlich passend ist. Doch das gehört zu den zahlreichen Merkwürdigkeiten im Umkreis des Aineias, aufgrund derer Wilamowitz, K. Reinhardt und viele andere längst und zu Recht angenommen haben, daß bei der Ausgestaltung dieser Person im Epos nicht nur poetische, nicht nur dichtungsimmanente Gründe maßgebend gewesen sind; s. LfgrE s. v. Aineias Sp. 314. Die These, der Dichter habe hier irgendwelche Rücksichten auf Verhältnisse und Erwartungen seiner Umwelt genommen, gehörte bis vor kurzem zu den wenigen Punkten, über die in der neueren Homerphilologie Einigkeit zu herrschen schien. Jetzt hat sie P. M. Smith in einer materialreichen, doch unmethodischen Analyse der einschlägigen nachhomerischen Tradition widerlegen wollen (HSCPh 85, 1981, 17–58); ein Versuch, der u. a. auch deshalb scheitern mußte, weil Smith für die kompositionellen und sprachlichen Probleme unserer Ilias keinerlei Verständnis zeigt.

[14] So die Scholien zu Υ 100–1, dem Sinne nach völlig korrekt: ἐξ ἴσου ὑπὸ θεῶν βοηθουμένων ἡμῶν. Vgl. auch Anm. 10.

cher, er sei dann, wenn die Götter einmal Chancengleichheit gewähren und sich aus dem Geschehen auf Erden heraushalten würden, durchaus in der Lage, den Sieg mit eigener Kraft zu erringen. Mit anderen Worten: Hier wird der Erfolg nicht mehr als Gabe der Götter verstanden, sondern beansprucht als persönliche Leistung eines nur auf sich gestellten Individuums.

Belege für diese damals neue Auffassung vom Menschen[15] finden sich verständlicherweise sonst erst im 5. Jh.: Hdt. VI 11,3 καὶ ὑμῖν ἐγώ, θεῶν τὰ ἴσα νεμόντων, ὑποδέκομαι ἢ οὐ συμμείξειν τοὺς πολεμίους ἢ συμμίσγοντας πολλὸν ἐλασσώσεσθαι. 109,5 θεῶν τὰ ἴσα νεμόντων οἷοί τέ εἰμεν περιγενέσθαι τῇ συμβολῇ.

Exkurs

Meine Überlegungen hier gelten primär dem sachlichen Gehalt gewisser Formulierungen, nicht ihrer Datierung. Der ‚relativ späte' Charakter der Worte des Aineias ist aber natürlich nicht zu überhören; doch wird damit lediglich das Ergebnis jener sprachlichen Untersuchungen bestätigt, die die Aineias-Partie des Y einer relativ späten Zeit (etwa 620–550) zugewiesen haben: A. Dihle, Homer-Probleme, Opladen 1970, S. 65–83; G. P. Shipp: Studies in the Language of Homer, Cambridge ²1972, S. 302–304 (s. auch schon Wilamowitz: Die Ilias und Homer, Berlin 1916, S. 82–84; G. S. Kirk, The Songs of Homer, Cambridge 1962, S. 175). Gegen die sprachlichen Beobachtungen und die notwendigen Folgerungen ist zwar gelegentlich Empörung, doch bisher kein philologisches Argument vorgebracht worden. – Im übrigen ist gerade auch für die Formulierung εἰ δὲ θεός περ ἶσον τείνειεν πολέμου τέλος der sekundäre Gebrauch einer formelhaften Wendung offenkundig; s. dafür die von H. Erbse in seiner Ausgabe der Ilias-Scholien zu Y 101 genannten Arbeiten. Der sprachliche Befund sei kurz rekapituliert. Die Junktur τέλος πολέμου in der Bedeutung ‚Ende, Ausgang des Kampfes' begegnet Γ 291, Π 630; die erweiterte Junktur ἶσον τέλος πολέμου neben Y 101 nur noch Hes. Th. 638. In Hesiods Schilderung des Titanenkampfes (Th. 637 οὐδέ τις ἦν ἔριδος χαλεπῆς λύσις οὐδὲ τελευτή οὐδετέροις, ἶσον δὲ τέλος τέτατο πτολέμοιο) ist der Ausgang des Kampfes zunächst für beide Parteien ‚gleich', d. h. unentschieden, und zwar so lange, bis die Hundertarmigen den Olympiern helfen und ihnen den Sieg bringen (dabei stammt das metaphorische τείνειν natürlich aus der Vorstellung von der Schicksalswaage; s. auch M. L. West im Theogonie-Kommentar, Oxford 1966, z.St.). Die Formulierung beschreibt also korrekt und präzise einen zeitlichen Ablauf: Erst ist das Telos des Kampfes unentschieden, dann fällt die Entscheidung. Anders dagegen Y 101: „Wenn Gott den Ausgang des Kampfes gleich machte, dann" – jetzt sollte es korrekterweise weitergehen: hätten Achill und ich den gleichen Ruhm (wie oben Hektor und Aias, H 202 ff.); Aineias meint aber: dann hätte ich keine Sorge und würde mich schon durchsetzen. Im Munde des Aineias bedeutet die fragliche Wendung also in Wahrheit nicht das, was sie eigentlich sagt, sondern nimmt die blassere Bedeutung an: Wenn Gott beide gleich begünstigt (und damit das Telos des Kampfes gerade nicht selbst bestimmt!). Wir haben hier also nichts anderes als die dem Philologen geläufige Erscheinung, daß eine vorgeprägte Wendung katachrestisch gebraucht wird. Demgegenüber ist der Versuch A. Heubecks (Glotta 50, 1972, 135–143 = Kl. Schriften, Erlangen 1984, 85–93), die beiden Stellen Y 101 und Hes.Th. 638 von N 358–360 abzuleiten, wohl eher Ausdruck der Verlegenheit und scheitert jedenfalls schon allein daran, daß die von ihm angeführte Stelle die fraglichen Wörter τέλος und ἶσον gar nicht enthält.

---

[15] Hierzu auch der anschließende Exkurs.

Uvo Hölscher

Das Schlußwort der „Sieben gegen Theben"

Ich nehme an, was die meisten Interpreten annehmen: daß das Stück mit Vers 1004 endete. Aber die Entscheidung darüber macht für die Hauptsache hier nichts aus. Nur daß mit der angehängten Heroldszene auch die Einführung der Schwestern in den Anapästen vv. 861–874 und damit die Zuweisung der Halbchöre an Antigone und Ismene fallen muß.

Ἰὼ ἰώ, πῆμα πατρὶ πάρευνον – ich weiß nicht, ob das schon einmal jemand verstanden hat: „Leid an der Seite des Vaters"? Gottfried Hermann (1852) fand nichts zu bemerken. Die späteren Erklärer kaum anders.

Droysen (1832) übersetzte: „Ja! ja! beim Vater, Gram bei Gram!"

Donner (1854): „Gram, zum Vater gebettet! Wehe!"

v. Wolzogen (1877): „Da wird das Leiden an seines Vaters Seite schlafen gehn."

Werner (1959): „Ach, ach, ihr Leid soll dem Vater gesellt sein!"

Soll das Antwort geben auf die Frage des Verses 1002: „An welcher Stelle der Erde sollen wir sie beisetzen"? Oder ist die Antwort schon gegeben mit 1003: „Dort wo es am ehrenvollsten ist"? So daß der letzte Vers nur noch ein Klagewort wäre über das „Leid, das vom Fluch des Vaters ausgegangen und darum – ‚einleuchtend' – ‚ihm verwandt'" sei? Die Scholien quälen sich mit solchen Erklärungen ab. Die Lexika, ihnen folgend, helfen sich mit „übertragener" Bedeutung. Denn die übrigen Belegstellen, wie für alle Bildungen aus παρευν-, bezeugen nur den konkreten Sinn des „Beilagers".

Irgendwie haben auch alle Interpreten aus der Stelle die Bestattung der Söhne neben dem Vater herausgehört. Aber wie soll der Wortlaut das hergeben? Mag immerhin eine kühne Hypallagé des „Leids" für die „Leidenden" in der tragischen Sprache möglich sein, aber worauf bezöge sich, im Text, πῆμα?

Unter den Kommentatoren scheint nur Verrall (1887) das Problem gesehen zu haben und versuchte eine interessante Lösung: „vexing, alas! the father by whom they are laid" – „zur Qual, ach! für den Vater…" Offenbar schien ihm mit dieser Dissonanz die überlieferte Schlußszene vorbereitet. Den Chor aber läßt er reden, als ob die Beisetzung im väterlichen Grab aus Vers 1003 sich von selbst verstünde.

Aber auf keine Weise kann die Frage nach dem Bestattungsort (1002) mit der Empfehlung des „ehrenvollsten" (1003) beantwortet sein: die läßt ja gerade offen, *wo* dieser ehrenvollste Ort sei. Und wenn sie, wie es deutlich ist, auf die Antwort zielt: „An der Seite des Vaters!" – kann diese Antwort in so umwundener Weise gegeben werden wie: Leid zu Leid? Man muß sich doch klar machen, daß sie – wie Verrall richtig empfand – etwas Ungeheuerliches besagt: daß die vom Vater zum gegenseitigen Mord Verfluchten an den heiligen Ort seines eigenen Grabes gebettet werden sollen! Das war durch nichts bisher –

es sei denn mit der Frage des Verses 914: „Welcher Anteil am väterlichen Grab erwartet sie?" – vorbereitet und verlangt eine konkrete Aussage, so konkret wie die Frage: ποῦ σφε θήσομεν χθονός; Antwort: „†...† an der Seite des Vaters." Was hier zu stehen hat, kann nach θήσομεν nicht zweifelhaft sein: θῆμα.

Auf dem richtigen Weg ist schon Rudolf Westphal gewesen, als er in den Prolegomena zu Aeschylus' Tragödien (1869) S. 134 für σῆμα plädierte. Paley hat das aufgenommen (1879) und mit Recht auf das Scholion ad loc. hingewiesen: παρὰ τὴν εὐνὴν τοῦ πατρός, als Zeugnis der antiken Lesart. Daß ihm niemand gefolgt ist, versteht man: das „Grabmal" entspricht nicht dem Gefragten. Immerhin hätte in die Ausgaben seither die Crux gehört.

Aber das Richtige steht längst bei Hesych (Latte Θ 500): θῆμα: θήκη, τάφος, ἀνάθημα, und es fehlt nicht einmal die Belegstelle: Σοφοκλῆς Σαλμωνεῖ (Nauck fr. 498, Pearson 541, Radt 541). Von der Bestattung 's Salmoneus, des Ahnherrn der Fürsten von Olympia, war bei Sophokles gewiß die Rede. Ellendt (Lex. Soph., 1834) fand es „incertum quomodo Sophocles sit voce usus: puto autem de donario". Das hat Pearson mit Recht zurückgewiesen. Aber auch er trifft noch nicht ganz das Richtige: „θῆμα is an erection in honour of the dead" – er spricht wieder von Stele oder Grabstein. Es ist aber das Grab selber, wie θήκη (Aesch. Agam. 453, Pers. 405, Hik. 25). Davon scheint sich θῆμα, als substantivum actionis, nur wenig zu unterscheiden: „Beisetzung." In θήσομεν θῆμα hat es die Funktion eines inneren Objekts.

Die Verderbnis ist leicht zu erklären: das auch bei den Tragikern seltene Wort war später völlig ungebräuchlich geworden. Liddell-Scott glauben es noch ein einziges Mal, wenn auch in ganz andrer Bedeutung, in den lateinischen Glossarien zu finden: als die griechische Bezeichnung von ‚prooemium' (Corp. Gloss. Lat. III 472.8). Aber das ist nichts als eine Verschreibung von θέμα (siehe III 146.20, 338.61, 461.15). Bei der Verderbnis kam die Versuchung der doppelten Parechese π–π–π– hinzu, um die vermeintliche Korrektur nahezulegen.

Entgangen ist aber den englischen Lexikographen ein weiterer Beleg für θῆμα im alten Sinn. Etymologicum Magnum 428.43 s.v. Ἧμα : τὸ ἀκόντισμα. Ἀπὸ τοῦ ἵημι ... γίγνεται ἔμα· καὶ ἐκτάσει, ἧμα, ὡς θέμα, θῆμα, ἐπίθημα καὶ ἀνάθημα. Das alte Wort mußte durch die gebräuchlichen Komposita erklärt werden. Etwas anderes also als ‚Bestattung', ‚Grab' hat es nie geheißen.

Daß die Exodus zur Beisetzung der beiden Brüder an der Seite des Vaters den Schluß bildete, bezweifle ich nicht. Daß äschyleische Trilogien nicht dissonant, sondern mit einer Lösung zu enden haben, ist freilich ein aus dem Vorhandenen gezogenes Postulat. Und merkwürdig bleibt, daß die Lösung – wenn es denn eine ist –, der Äschylus sonst in den Trilogien (Danais, Promethie, Orestie) das ganze dritte Stück vorbehält, hier bis auf den allerletzten Vers aufgehoben und fast unmerklich wird.

Dennoch stehen die ‚Sieben' damit nicht allein. Der Kommos am Ende der ‚Perser' ist, wie der der ‚Sieben', bis zum Schluß mit heftigster Klage erfüllt, die nichts Versöhnliches zeigt. „Mit Jammern ziehe zum Palast! ... Ja, mit Trauerklagen will ich dich geleiten!" Aber dieser Schlußvers, der auf den Empfang im Palast hinweist, ist vorbereitet: die große Rede des toten Dareios offenbart zwar schonungslos des Xerxes Schuld, doch endet sie nicht mit Verdammung des Sohnes; statt dessen mit einem Gebot an die Mutter: sie solle nach Hause gehn, ein würdiges Gewand zu holen, und dem Sohn damit entgegenkommen, damit er es gegen seine zerfetzten Kleider austausche (V. 832 ff.):

„Besänftige ihn mit freundlich-gutem Wort,
Von dir nur, weiß ich, hört er's willig an."

Das kommt zwar nicht mehr auf die Bühne – so wenig als in den ‚Sieben' die Beisetzung der Brüder –; aber das Symbol der Wiedereinkleidung des Vernichteten in königliche Gewänder ist voll Bedeutung, es meint, so wie die ganze Dareiosszene: daß die Katastrophe der menschlichen Vermessenheit die Welt nicht aus den Angeln wirft; daß eine größere Ordnung ist, die das Menschliche in seinem Zusammenbruch wieder aufnimmt. Mit dieser Erwartung schließt das Stück.

Auch in den ‚Sieben' kommt der Schluß natürlich nicht unerwartet, er ist in dem ganzen Kommos vorbereitet durch die vollkommene Gleichgewichtung der beiden Schicksale, durch die Betonung des „Doppelten" ihrer Leiden und das gänzliche Schweigen von Recht oder Unrecht zwischen den Brüdern. Aber erst der Schlußvers bringt, mit dem Zeichen der gemeinsamen „Bestattung an der Seite des Vaters", die faktische Lösung, im Bühnenvorgang beglaubigt durch die gemeinsame Exodus.

In der Aufsparung auf den Schluß haben wir eine archaische Form zu erkennen. Der eine Schlußvers, in den ‚Sieben' wie in den ‚Persern', hat mehr an Sinn zu tragen als er kann. Dieselbe Unverhältnismäßigkeit – im Unterschied zu den klassischen Kompositionen – haben wir in Solons Musenelegie, wo das letzte Distichon, ja ein einziges Partizip, τεισομένην, den Sinn des Ganzen aufzuschließen hat.

Ist dem Schlußvers der ‚Sieben' damit zu viel an „Sinn" aufgebürdet? Es bliebe wohl noch zu fragen, welche Motive des Textes, im Schlußkommos und vor allem in der epirrhematischen Entschließungsszene, durch den symbolischen Akt, den der Schlußvers ankündigt, besiegelt werden. Zu reden wäre von der überlieferten Sagenform und ihrem Verhältnis zum Brauch hinsichtlich der Bestattung von Landesfeinden. Und folglich, was den Brauch, den ‚Nomos' betrifft, von der Gesetzlichkeit oder Ungesetzlichkeit Kreons in der ‚Antigone'. Aber hier sollte nur eine Emendation empfohlen werden. Sane Hercle, quoi nunc hoc dem spectandum scio.

Hans Schober

Die Natur – Befreierin oder Zwingherrin?
Zum Lektüreprojekt des zweiten Kurshalbjahres im Leistungskurs Griechisch

Τῷ ἐξ ἀρχῆς φίλῳ
συνεργοῦντι, συμπολεμοῦντι, συμπάσχοντι

Eine der großen denkerischen Leistungen der Sophistik ist ohne Zweifel die Herausarbeitung des Gegensatzes νόμος – φύσις, deren Wirkungen bis in unsere Zeit reichen.*
Wenn sich auch schon bei Demokrit[1] Vorstufen dazu finden, darf doch als Archeget dieses Denkens Antiphon gelten. Dabei ist mit dem genannten Begriffspaar von Haus aus die Aussage verbunden, daß νόμος etwas willkürlich Hinzugesetztes, Einschränkendes, gängelnd Hemmendes, φύσις dagegen etwas aus sich selbst heraus notwendigerweise Erforderliches, zur wesensgemäßen Entfaltung Verhelfendes, Befreiendes darstelle: τὰ μὲν γὰρ τῶν νόμων ἐπίθετα, τὰ δὲ τῆς φύσεως ἀναγκαῖα,[2] und noch deutlicher: τὰ μὲν ὑπὸ τῶν νόμων κείμενα δεσμὰ τῆς φύσεώς ἐστιν, τὰ δ᾽ ὑπὸ τῆς φύσεως ἐλεύθερα.[3]
Diese Vorstellung von der Natur als der großen Befreierin zieht sich durch die einschlägigen Aussagen der bekannten Sophisten. Alkidamas etwa ist überzeugt: ἐλευθέρους ἀφῆκε πάντας θεός, οὐδένα δοῦλον ἡ φύσις πεποίηκεν.[4] Hippias stellt fest: ὁ δὲ νόμος τύραννος ὢν τῶν ἀνθρώπων πολλὰ παρὰ τὴν φύσιν βιάζεται.[5] Bemerkenswert dabei, daß ein Handeln gegen die den Menschen freimachende Natur als gewalttätiger Akt (βιάζεσθαι[6]) verstanden wird.
Seinen Höhepunkt erreicht dieses Denken im platonischen „Gorgias" bei der bekannten Rede des Kallikles, der, nachdem Polos von Sokrates geraume Zeit mit dem νόμος – φύσις-Wechsel traktiert worden ist, sein anschauliches, mitreißendes Bild vom ungezwungenen „Herrenmenschen" entwirft, der alle gesetzlichen Vereinbarungen mit Füßen treten kann[7] und in dem das wahre Recht der Natur aufleuchtet.[8] Denn das sei eben das κατὰ φύσιν καλὸν καὶ δίκαιον,[9] all seinen Wünschen und Leidenschaften nach Belieben freien Lauf zu lassen.[10] Hier ist ohne Zweifel von der radikalen Sophistik[11] für das Individuum die Apotheose der Befreierin Natur formuliert.[12]

---

* Zur eingehenden Interpretation dieses Komplexes grundlegend H. Meyerhöfer: Der radikale Denkansatz in der griechischen Sophisitk, Donauwörth 1978, bes. S. 38 ff., 104 ff.
Im Folgenden geht es nur um einen ergänzenden, mitunter leicht modifizierenden Aspekt.
[1] K. Bayer: Vorsokratiker. Auswahl aus Fragmenten und Berichten, Bamberg ⁴1983, Nr. 210: νόμῳ – ἐτεῇ.
[2] Bayer, Vorsokratiker 234.   [3] Bayer, Vorsokratiker 235.
[4] Bayer, Vorsokratiker 238.   [5] Bayer, Vorsokratiker 236.
[6] So auch Bayer, Vorsokratiker 234.
[7] Platon, Gorgias 484 A: καταπατήσας ... νόμους τοὺς παρὰ φύσιν ἅπαντας.
[8] Platon, Gorgias 484 B: ἐνταῦθα ἐξέλαμψε τὸ τῆς φύσεως δίκαιον.
[9] Platon, Gorgias 491 E.

Ein wesentlich anderer φύσις-Begriff begegnet uns freilich bei Thukydides.[13] Mag man bei der Formulierung des Methodenkapitels κατὰ τὸ ἀνθρώπινον[14] ganz vage an die „menschliche Natur" denken und mag auch in der Schilderung des athenischen Wesens[15] die Quintessenz πεφυκέναι ἐπὶ τῷ μήτε αὐτοὺς ἔχειν ἡσυχίαν μήτε τοὺς ἄλλους ἀνθρώπους ἐᾶν[16] dieses Volk harmlos als von Natur aus rastlos tätig erscheinen lassen, so offenbart der weitgehend von sophistischen Gedankengängen bestimmte zentrale Text des Melierdialoges ganz plötzlich ungeschminkt, was φύσις für Thukydides bedeutet: ἡγούμεθα γὰρ τό τε θεῖον δόξῃ, τὸ ἀνθρώπειόν τε σαφῶς διὰ παντὸς ὑπὸ φύσεως ἀναγκαίας, οὗ ἂν κρατῇ, ἄρχειν[17] – eine unabweisbar bestimmende, zwanghafte Natur, die Götter (!) und Menschen, weitab von jeder freien Entscheidungsmöglichkeit, ausnahmslos, ja gesetzmäßig dazu treibt, über alles Unterlegene Macht auszuüben. Wie anders als bei Antiphon[18] klingt doch im Kontext hier das ἀναγκαῖος!

Einige (durch Kurzreferate leicht einzubringende) Seitenblicke erhärten noch diesen Befund. Hermokrates z. B. weiß in Gela: πέφυκε γὰρ τὸ ἀνθρώπειον διὰ παντὸς ἄρχειν τοῦ εἴκοντος,[19] und noch viel deutlicher ist sich Diodotos bei der Verhandlung über die Bestrafung der Mytilenaier bewußt: ἁπλῶς τε ἀδύνατον καὶ πολλῆς εὐηθείας, ὅστις οἴεται τῆς ἀνθρωπείας φύσεως ὁρμωμένης προθύμως τι πρᾶξαι ἀποτροπήν τινα ἔχειν ἢ νόμων ἰσχύι ἢ ἄλλῳ τῳ δεινῷ.[20] Gegen diese geradezu tyrannische φύσις hilft kein, aber auch gar kein Mittel; das βιάζεσθαι[21] ist nun schier zu ihrem Kennzeichen geworden. Und selbst in der für das Verständnis des Thukydides so wichtigen und darum für die Kollegstufe lesenswerten Pathologie ist es, milder in der Formulierung, aber unverändert in der Sache, wieder ausgesprochen: ἡ ἀνθρωπεία φύσις εἰωθυῖα καὶ παρὰ τοὺς νόμους ἀδικεῖν ...[22].

Wie fern steht all dem die erlösende, befreiende, beglückende Wirkung der ursprünglichen sophistischen φύσις!

Cui bono? Als ein nicht unwesentlicher und zudem aktueller Interpretationsaspekt dieses Lektüreprojekts erscheint auch der, dem Kollegiaten das Problembewußtsein dafür zu wecken, ob die heute so oft berufene[23] Natur und das Leben nach dieser Natur für den Menschen ausschließlich nur Positives bedeuten muß.

---

[10] Platon, Gorgias 492 A: ἀποπιμπλάναι ὧν ἀεὶ ἂν ἡ ἐπιθυμία γίγνηται. Vgl. auch 492 C: τρυφὴ καὶ ἀκολασία καὶ ἐλευθερία.
[11] Deren Existenz wird freilich von der jüngeren Wissenschaft angezweifelt, so E. Pöhlmann: Sisyphos oder der Tod in Fesseln, in: Dialog Schule – Wissenschaft. Klassische Sprachen und Literaturen Bd. 18, München 1984, 7–20.
[12] Vgl. Platon, Gorgias 492 C: ἀρετή τε καὶ εὐδαιμονία.
[13] Die Lektüreabfolge Platon-Thukydides sollte aus inneren Gründen nicht verändert werden.
[14] Thuk. I 22,4. [15] Thuk. I 70 f.
[16] Thuk. I 70,9. [17] Thuk. V 105, 2.
[18] Bayer, Vorsokratiker 234. [19] Thuk. IV 61,5.
[20] Thuk. III 45,7. [21] Vgl. Anm. 5 und 6.
[22] Thuk. III 84,2.
[23] „Natur ist wieder in Mode gekommen." (J. Herbig, Feuilleton-Beilage der SZ vom 11./12. August 1984, S. 101)

Albert von Schirnding

Notiz zu Menander

Der verwöhnte junge Athener Sostratos, Sohn eines Großgrundbesitzers und einer Mutter, die es sich leisten kann, ihrem religiösen Tick zu frönen, indem sie mit großer Dienerschaft von einem Wallfahrtsort zum nächsten reist, hat sich auf einem Jagdausflug in ein armes Bauernmädchen verliebt, das er an einer Pansgrotte opfern sah. Im Licht der Leidenschaft kommen ihm seine städtischen Vergnügungen auf einmal schal vor, sie treibt ihn, einen in derlei amourösen Abenteuern erfahrenen Begleiter an der Seite, in das erbärmliche attische Nest zurück. Doch der krankhafte Menschenhaß Knemons, des Vaters seiner Angebeteten, macht zunächst jede Möglichkeit der Annäherung zunichte. Als der lebenskundige Freund bereits das Weite gesucht hat und Sostratos verzweifelt nach neuen Wegen Ausschau hält, erscheint sie selbst, um in der Grotte Wasser zu schöpfen. Man tut das eigentlich nicht, es ist ja Weihwasser – aber die unselige Magd hat den einzigen Eimer in den Hofbrunnen fallen lassen! Wenn es der Alte bemerkt, wird er sie zu Tode prügeln. Das häusliche Unglück ist Sostratos' Glück: Er bietet dem Mädchen seine Hilfe an und eilt, den Krug in der Hand, ins Heiligtum. Alles ist aufs feinste motiviert: Die Kleine hat ihre Scheu vor dem Fremden überwunden, weil das Gefühl der Scham vor den Leuten, die drinnen vielleicht gerade opfern, stärker ist. Sostratos will der Geliebten den vollen Krug reichen, da tritt in Gestalt des alten Knechts Daos ein neues Hindernis auf den Plan: Er nimmt ihm den Krug aus der Hand und drängt das Mädchen ins Haus.

Zu Beginn des zweiten Aktes des „Dyskolos" stellt Gorgias, der Halbbruder der Knemontochter, den Daos zur Rede: Viel zu beiläufig habe er die Sache behandelt. Solchen jungen Tagedieben aus der Stadt muß man ganz anders kommen; sie haben es auf unsere Mädchen abgesehen, und uns bleibt dann zur Armut auch noch die Schande! Da erscheint Sostratos im eleganten Jagdumhang schon wieder am Ort seiner Sehnsucht. Man sieht es, sagt Gorgias, auf den ersten Blick, daß der Kerl böse Absichten hat. Und nun nimmt er den Altersgenossen ins Gebet; der hart arbeitende junge Bauer, der trotz seiner Jugend nicht nur für den eigenen Lebensunterhalt, sondern auch den seiner Mutter und des alten Knechtes aufkommen muß (nicht einmal für Mädchen hat er Zeit), steht einem Vertreter der großstädtischen Jeunesse dorée gegenüber.

„Es gibt, so glaube ich, für alle Menschen, die glückbegünstigten genauso wie die, denen es schlecht geht, eine Grenze und einen Wechsel. Und für den Glücklichen bleiben die Verhältnisse seines Lebens immer wohlauf – solange er sein Glück zu ertragen vermag, ohne irgendein Unrecht zu begehen. Wenn er sich aber dazu von seinem Wohlstand verleiten läßt, dann nimmt es wohl mit ihm den Wechsel zum Schlechteren. Die aber, die Mangel leiden, dürfen, wenn sie nichts Böses tun in ihrer Not, sondern ihr Geschick edel ertragen, auf die Zeit vertrauen und ein besseres Teil erwarten. Was will ich damit sagen? Sei deiner Sache, wenn du im Überfluß lebst, nicht allzu sicher und verachte andrerseits uns Arme nicht! Zeige dich würdig in den Augen aller eines beständigen Glücks!" (271–287)

Sostratos hört aus all dem nur den Verdacht, den der andre auf ihn geworfen hat. Pan und die Nymphen sollen ihn an Ort und Stelle mit Lähmung treffen, wenn er zu einer solchen Untat, wie Gorgias sie ihm zutraut, fähig wäre! Der erste Blick hat also getrogen, die Rede hat das wahre Wesen des jungen Mannes enthüllt. Gorgias entschuldigt sich, die beiden schließen Freundschaft. Ein Plan wird entworfen, wie das schier Unmögliche: die Zustimmung des unnahbaren Alten zur Hochzeit seiner Tochter mit einem Städter, errungen werden könnte. Gleichzeitig wird es eine Bewährungsprobe für den Freier sein.

Man kann die Philosophie des Gorgias rein funktional verstehen; sie dient dann der Charakterisierung des Sprechers, der bei aller Einfachheit seiner Herkunft und Lebensart, aller Härte seiner Arbeitsbedingungen das Feingefühl aufbringt, dem Fremden seinen Vorwurf nicht direkt ins Gesicht zu sagen, sondern auf dem Umweg über allgemeine Wahrheiten zu erraten zu geben. Gleichzeitig formuliert er die Weltanschauung, die er sich zurechtgegrübelt hat, mit der Unbeholfenheit eines Bauernburschen, dem keine höhere Schulbildung zuteil wurde – wobei der philosophische Ernst, mit dem er seine altkluge Weisheit vorträgt, in komisch-rührendem Gegensatz zu seiner Jugend steht. Soll man also seine Rede lediglich als Mittel zum Zweck der Personenzeichnung betrachten, während sie, für sich genommen, belanglos bleibt: das aus trivialem Gedankengut einigermaßen plump gezimmerte Weltbild eines Minderbemittelten?

Zunächst scheint es so. Was Gorgias sagt, klingt nach griechischer Allerweltsweisheit. Läuft nicht der Trost des Unglücklichen auf das bekannte Ausgleichsdenken hinaus: Heute geht's mir schlecht und dir gut, aber morgen wird es umgekehrt sein? Archilochos läßt, von ferne, grüßen: γίγνωσκε δ'οἶος ῥυσμὸς ἀνθρώπους ἔχει. Also trumpfe nicht allzu sehr auf, Sostratos, wenn du im Augenblick σφόδρα εὐπορεῖς. Ähnlich die Melier zu den Athenern: Es besteht die Möglichkeit eines Machtwechsels; wenn ihr dann die Schwächeren seid, würdet ihr nach Maßgabe des Unrechts, das ihr uns gegenüber begangen habt, bestraft werden: also haltet euch in eurem eigenen Interesse an das κοινὸν ἀγαθόν.

Zeigen solche Reminiszenzen, daß Menander seinem Gorgias (über den Peripatos) auf das attische Bauernelend heruntergekommenes μεταλλαγή-Denken in den Mund legt? Hört man genauer hin, werden unter der vertrauten Oberstimme andere Töne vernehmbar. Gorgias rechnet nicht wirklich mit einem Ausgleich. Die soziale Ungleichheit, Hauptanstoß für den Glauben an eine gerechte Weltordnung, ist unaufhebbar – auch der Märchenschluß der Doppelhochzeit zwischen reich und arm ändert nichts am Tatbestand des krassen Unterschieds der Lebensverhältnisse. Keine höhere Instanz sorgt im Laufe der Zeit für die Herstellung der δίκη. Die μεταλλαγή ist nicht Ausdruck einer göttlichen βουλή oder auch nur eines nach dem toten Schlag der Pendeluhr funktionierenden Weltgesetzes. Sie entspringt dem Zufall; τύχη regiert. Die in Gegensätze zerrissene Wirklichkeit wird nicht mehr durch jenes ἓν τὸ σοφὸν μοῦνον zusammengehalten, das nicht und das doch mit dem Namen des Zeus genannt sein will. An die Stelle dieser übermenschlichen *coincidentia* ist der Mensch selbst getreten, der angesichts der durchdringenden Hinfälligkeit seines Daseins über alle Unterschiede des Habens hinweg zu einer Solidarität mit seinesgleichen gelangt; und vor der Τύχη sind die εὐτυχοῦντες und die δυστυχοῦντες gleich. Das entscheidende Wort steht gleich am Anfang von Gorgias' Rede: πᾶσιν ἀνθρώποις. Es handelt sich um die Geburt des Humanitätsgedankens aus der Resignation an einer umfassenden Weltordnung.

Werner Suerbaum

„Und der Stern zog ihnen voraus"

Zum Motiv der göttlichen Leitung der Fahrt des Aeneas bei Vergil und in der vorvergilischen Tradition

1.

Et ecce stella quam viderant in oriente, antecedebat eos, usquedum veniens staret ... Jeder weiß: es sind die ‚Weisen aus dem Morgenlande', die von einem Stern nach Bethlehem geleitet werden. So erzählt es das Matthäusevangelium (2,9; vgl. 2,2).[1]

Weniger bekannt ist, daß weit über ein Jahrhundert vor der griechischen Aufzeichnung dieses Evangeliums eine genau entsprechende Wegweisung für eine andere Gruppe von Menschen aus dem Morgenland berichtet wird: für die trojanischen Gefolgsleute des Aeneas, die unter der Führung des Sternes seiner göttlichen Mutter Venus von Troja nach Latium gelangt sind. Der Vergil-Kommentator Servius (Aen. I 382) zitiert nämlich aus dem 2. Buch der Res divinae Varros: *ex quo de Troia est egressus Aeneas, Veneris eum per diem cotidie stellam vidisse, donec ad agrum Laurentem veniret, in quo eam non vidit ulterius, qua re et terras cognovit esse fatales.*

Das Motiv für Servius, auf diese Darstellung Varros (in dessen 47 v. Chr. Caesar gewidmetem Werk) zu verweisen, ist nicht etwa, beliebige Parallelen und Varianten aus der außervergilischen Überlieferung zu der Version Vergils zu häufen, um sein eigenes antiquarisches Wissen kundzutun, sondern um eine bestimmte, zunächst befremdlich wirkende Wendung bei Vergil zu erklären, und zwar mit dessen Gelehrsamkeit und Anspielungsreichtum. In dem Bezugsvers Aen. I 382 behauptet nämlich Aeneas, er sei hierher (er hat gerade erfahren, daß es sich um die Küste Libyens handelt) verschlagen worden, und zwar auf einer Fahrt von Troja nach Italien, *matre dea monstrante viam data fata secutus*. Dies sagt er zu einer als Jägerin auftretenden Frau, deren Göttlichkeit er zwar ahnt, von der er aber erst hernach erkennt, daß es seine *mater dea* ist. Das Merkwürdige an Aeneas' Worten, seine göttliche Mutter habe ihm den Weg gezeigt, wie er sein schicksalsbestimmtes Ziel erreichen könne, besteht darin, daß von einer solchen Rolle der Venus in der detaillierten Schilderung dieser Fahrt, die Aeneas später, im III. Buch der Aeneis, vor Dido

---

[1] Ob der griechische Ausdruck ἐν ἀνατολῇ bzw. die lateinische Übersetzung *in oriente* „im Morgenland" oder „bei (seinem) Aufgang" bedeutet, ist umstritten. Statt an einen Stern/Kometen denkt man heute eher an eine außergewöhnliche Stern- (bzw. Planeten-)konstellation. Literatur zum ‚Stern der Weisen' bei M. Teresa Herrera/J. Oroz Reta: Historia de los reyes magos, Helmantica 23, 1982, (5–88) S. 25 f. Frühchristliche Kunstdarstellungen würdigt F. W. Deichmann: Zur Erscheinung des Sternes von Bethlehem, in: Vivarium. Festschrift Th. Klauser = Jb. f. Antike u. Christentum Erg.-Bd. 11, Münster i. W. 1984, 98–106 (dort einschlägig auch der Beitrag von J. Engemann, 115–131, bes. S. 119), mit Verweis auf den Ausstellungskatalog Köln 1982: Die Heiligen Drei Könige. Darstellung und Verehrung.

geben wird, mit keinem Wort die Rede ist. Deshalb gehört dieses *matre dea monstrante viam* zu den zahlreichen Widersprüchen der Aeneis, die die Vergil-Kritik schon seit dem Altertum irritiert haben. In unserem Falle würde die beliebte Erklärung κατὰ τὸ σιωπώμενον[2] nicht genügen, d. h. die Beobachtung, daß Vergil an manchen Stellen ad hoc seine Personen Behauptungen aufstellen läßt oder in der Erzählung (z. B. V 282 *promisso munere*) Dinge als bekannt voraussetzt, die „stillschweigend" ergänzt werden müssen, auch wenn sie bisher nicht erwähnt sind: Eine Leitung der Fahrt von Troja nach Sizilien und weiter nach Italien durch Venus kann nicht „stillschweigend" im 1. Buch nachgeholt (oder genau genommen: vorausgeschickt) werden, weil diese Funktion der wegweisenden Gottheit bereits (wie sich in Aen. III zeigen wird) besetzt ist: durch Apollo. Neben dem Apollo-Orakel von Delos (III 84 ff.), der von Apoll evozierten Penaten-Erscheinung auf Kreta (III 154 ff.) samt der Erinnerung an Cassandra (III 183 f.), der Geliebten Apolls, und neben dem Apoll-Priester Helenus (III 359 ff.; vgl. auch noch VI 344 ff.: ein Apoll-Orakel zum Schicksal des Palinurus) ist kein Raum mehr für eine *mater viam monstrans*. Deshalb muß für die Diskrepanz zwischen Aen. I 382 und dem III. Aeneis-Buch eine andere Erklärung gesucht werden. Servius sieht sie nicht etwa (woran neuere Philologen gedacht haben) in einer zwischen der Ausarbeitung von Aen. I und Aen. III veränderten Konzeption Vergils, deren Spuren infolge des vorzeitigen Todes des Dichters noch kenntlich sind, sondern in einer bestimmten Technik Vergils. Servius erklärt nämlich das *matre dea monstrante viam* (Aen. I 382) als Anspielung Vergils auf Varro: *hoc loco per transitum tangit historiam, quam per legem artis poeticae aperte non potest ponere.*

Anders ausgedrückt: Auch wenn Vergil für den Hauptstrom seiner Erzählung einer bestimmten Konzeption folgt (die er in der Regel nicht selbst geschaffen, sondern aus den ihm vorliegenden Traditionen ausgewählt oder kombiniert hat), so berücksichtigt er doch nicht selten in Einzelheiten eine oder mehrere andere, abweichende oder gar widersprechende Varianten mit. Das ist die Anspielungstechnik des *poeta doctus* hellenistischen Typs, die manchmal mit dem aristotelischen Postulat der Konsequenz und Stimmigkeit schwer zu vereinbaren ist.[3]

2.

Das besprochene Beispiel Aen. I 382 ist nur einer von vielen Belegen dafür, daß Vergil in seiner Aeneis ältere Traditionen verarbeitet hat. Die neuere Forschung hat – auf den

---

[2] Stellen zum σιωπώμενον (κατὰ τὸ) im Servius-Kommentar s. bei J. F. Mountford/J. T. Schultz: Index rerum et nominum in scholiis Servii et Aelii Donati tractatorum, Ithaca NY 1930 = Hildesheim 1962, s.v. S. 156.
[3] Zum unausgeglichenen Nebeneinander mehrerer mythologischer Varianten vgl. z. B. Ed. Norden zu Aen. VI 274–281 (S. 214), auch zu VI 494–547 (S. 262) und zu VI 617. Aus Servius' reichen Hinweisen vom Typ *(Vergilius) tangit historiam* sei nur seine Bemerkung Aen. II 506 zu zwei Versionen über den (Ort des) Tod(es) des Priamus zitiert: *et hanc opinionem plene Vergilius sequitur* (gemeint: Tod im Palast), *licet etiam illam* (Tod am Strand) *praelibet.* (Nach Serv. Aen. II 557 spielt Vergil mit *illa opinio* auf die Version in einer Tragödie des Pacuvius an.) Vgl. im übrigen im Servius-Index (s. Anm. 2) die Stellen S. 79 zum Stichwort ‚historia', z. B. zu Aen. I 267 *ab hac autem historia ita discedit Vergilius, ut aliquibus locis ostendat non se per ignorantiam, sed per artem poeticam hoc fecisse.*

Spuren des Servius – immer wieder bestätigt, daß Vergil in der Regel nicht der Erfinder, sondern nur der Vertreter einer bestimmten Version des Aeneas-Mythos ist. Dies soll hier weiter an dem Motiv der göttlichen Leitung der Fahrt des Aeneas bei Vergil und in der außervergilischen Tradition belegt werden. Dabei will ich nicht in jedem einzelnen Falle behaupten, daß Vergil bestimmte Einzelheiten gekannt und übernommen oder umgekehrt abgelehnt hat. Ich will vielmehr eine Typologie (und nicht etwa einen historisch gegliederten Katalog) derjenigen Lösungen geben, die in der außervergilischen Tradition (die praktisch immer gleichzeitig eine vorvergilische ist) für das Problem gefunden worden sind, die Aeneaden aus dem Orient zu einer bestimmten Stelle im fernen Hesperien gelangen zu lassen.

3.

Die Fahrtleitung und Zielsetzung für die Fahrt der Aeneaden von Troja nach Latium ist für Vergil ein gegenüber Homers Odyssee oder auch Apollonios' Argonautica neues darstellerisches Problem: Odysseus und Jason wissen, wohin sie zu fahren haben: zurück in ihre wohlbekannte Heimat, nach Ithaka oder nach Thessalien; Probleme bereitet allerdings das Wie. Für den Aeneas des Mythos aber steht zunächst nur fest, daß er aus Troja nach Westen entkommt; wohin, ist in der ältesten faßbaren Version, bei Stesichoros im 6. Jh., noch nicht ausgemacht. Im Laufe der Jahrhunderte aber wurde eine Überfülle von Antworten, nicht etwa nur die eine, spätestens durch Vergil kanonisierte (Latium), erfunden. Für viele Orte in der östlichen Mittelmeerwelt zwischen Thrakien und der tyrrhenischen Küste Italiens wurde behauptet, Aeneas habe sie berührt oder gegründet, ja, in manchen sollte er sogar gestorben sein (s. vor allem Dion. Hal. I 49,1 ff.). Vergil stand vor einem Chaos.[4]

4.

Vergils Lösung für einen Weg aus dem Chaos der Überlieferung, für eine plausible Zielsetzung (Latium) und damit dann auch eine plausible Fahrtroute für Aeneas und die Seinen unterscheidet sich im Prinzip nicht von der Antwort, die auch in der sonstigen Tradition[5] für die Merkwürdigkeit gegeben wird, daß ein flüchtiger Trojaner an die Westküste

---

[4] Der Aufsatz von N. M. Horsfall, dem Verfasser mehrerer kenntnisreicher Beiträge zur Aeneas-Sage: Virgil and the conquest of the chaos, Antichthon 15, 1981, 141–150, auf dessen rätselhaften Titel ich anspiele, behandelt gerade das von mir angeschnittene Problem: Vergils Verhältnis zu seinen heterogenen Quellen.

[5] Das gleiche darstellerische Problem stellte sich auch einem Historiker, falls er nicht wie Dionys von Halikarnaß, ein jüngerer Zeitgenosse Vergils, einen bloßen Katalog heterogener Nachrichten bringen wollte. Vgl. dazu meine einleitenden Ausführungen zu: Die Suche nach der *antiqua mater* in der vorvergilischen Annalistik. Die Irrfahrten des Aeneas bei Cassius Hemina, in: Festschrift für G. Radke, hrsg. von R. Altheim-Stiehl, Münster i.W. 1985 (im Druck). Auch ein Historiker wie Cassius Hemina, ein jüngerer Zeitgenosse des alten Cato, hatte einen plausiblen ‚Weg' für Aeneas zu suchen. Ich versuche wahrscheinlich zu machen, daß die Konzeption der Irrfahrt, die Aen. III zugrundeliegt, schon bei Cassius Hemina fr. 9 vorgebildet ist: *et tum quo irent nesciebant, ilico manserunt* eqs.

Italiens gelangt und sich ausgerechnet an der Küste Latiums niederläßt: das geschah auf göttliche Weisung. Niemand ist auf die Idee gekommen, den Aeneas gerade hier, wo nach einem Teil der Tradition (vgl. Dion. Hal. I 56,2) ausgesprochen ungünstige Voraussetzungen für die Gründung einer Stadt gegeben waren, etwa aufgrund rationaler Beweggründe (wie: gutes Klima, Befestigungs- und Versorgungsmöglichkeit, Hafen usw.) siedeln zu lassen: nein, weder *ratio* noch *casus* noch *necessitas* waren für Aeneas leitend[6] (immerhin wird der *necessitas*-Gedanke dadurch von manchen Autoren hineingebracht, daß sie den Brand der Flotte des Aeneas hier lokalisieren; vgl. Dion. Hal. I 72,2), sondern *deorum responsa, data fata*.

Der Unterschied zwischen Vergil und der sonstigen Überlieferung zu Fahrt und Ziel des Aeneas liegt nicht im Prinzip (fast überall herrscht die religiöse Begründung), sondern im Detail. Es sind viele Spielformen der göttlichen Leitung denkbar und auch in der außervergilischen Tradition belegt.

5.

Ich gebe im Folgenden, ohne Anspruch auf Vollständigkeit, eine Typologie der Formen göttlicher Leitung für die Aeneaden, die sich in der Tradition (A) finden, und jeweils Hinweise darauf, in welcher Form Vergil (B) diese Möglichkeiten genutzt hat.[7] Ich klammere dabei allerdings prinzipiell den Bereich Latium aus und damit jene bestätigenden Prodigien wie Tisch- oder Sauprodigium, die zwar vielleicht während der Fahrt angekündigt sind, aber nicht wirklich fahrtleitend sein, sondern nur das Erreichen des Ziels signalisieren können; ich beschränke mich auf Weisungen vor oder während der Fahrt selbst.

5.1
Da ist zunächst die schon erwähnte direkte Weisung durch den vorausziehenden Stern der Venus, der über Latium verschwindet, die Version Varros.

Eine so unproblematische Leitung wie durch einen Stern – oder gar, um das strukturell entsprechende Gegenstück aus der Bibel zu erwähnen, durch eine Wolken- oder Feuersäule – hat Vergil verschmäht.[8]

---

[6] Ich spiele hier an auf die Darstellung des *urbi* (sc. *Romae*) *locum deligere* durch Romulus, wie sie Cicero rep. II 5–10, von Dikaiarch beeinflußt, durch Scipio Aemilianus geben, aber kurz darauf, im ‚Methodenkapitel' rep. II 22, durch Laelius kritisieren läßt: *es enim ita ingressus, ut ... illa de urbis situ revoces ad rationem, quae a Romulo casu aut necessitate facta sunt*.

[7] Ich führe in diesem Aufsatz weder die Belege noch gar die einschlägige Sekundärliteratur vollständig an, sondern erwähne nur ausgewählte, typologisch interessante Zeugnisse. Für die Sekundärliteratur verweise ich auf meine bis 1975 reichende Bibliographie: Hundert Jahre Vergil-Forschung, ANRW II 31.1, 1980, Abt. C X „Die Trojasage". Benutzt habe ich vor allem F. Cauer 1887, A. Förstemann 1894, J. Perret 1942 (das über 700seitige Fundamentalwerk: Les origines de la légende troyenne de Rome berücksichtigt allerdings zu wenig die Origo gentis Romanae), R. B. Lloyd 1957, M. Barchiesi 1962, A. Alföldy 1965, G. K. Galinsky 1969, W. A. Schröder 1971; ferner P. M. Martin: Dans le sillage d'Énée, Athenaeum NS 53, 1975, 212–244 (wo Samothrake als Fahrtstation des Aeneas nicht erwogen wird).

[8] Der führende Stern ist bei Matthäus und bei Varro identisch, allerdings sind die geleiteten Personengruppen nur von weitem verwandt. Die strukturelle Parallele zur Fahrt der Trojaner nach Latium wäre in der Bibel der

Immerhin: Vergil mag nicht nur mit Aen. I 382, den Worten des Aeneas *matre dea monstrante viam,* sondern noch ein weiteres Mal in unverfänglicher Weise auf diese Rolle der Venus hingedeutet haben: der Auszug aus Troja zum Ida, dem vorläufigen Sammelplatz, erfolgt Aen. II 801 beim Aufgang des Lucifer (vgl. DS ad loc.: *Varro enim ait hanc stellam Luciferi, quae Veneris dicitur, ab Aenea donec ad Laurentem agrum veniret semper visam eqs.).*[9] Im übrigen aber hat Vergil der Venus keine direkte oder indirekte Funktion als Wegweiserin eingeräumt; ihre Hilfe für Aeneas ist anderer Art (für die Sicherung der Fahrt der Aeneaden, aber nicht für die Zielbestimmung, ist z. B. ihre Verwendung bei Neptunus V 779 ff. von Bedeutung).

5.2
Venus wirkt in der vorvergilischen Überlieferung noch in anderer Weise auf die Fahrt der Aeneaden ein: durch Anchises, ihren ehemaligen Geliebten. Diese Lösung – der *pater familias* Anchises als Führer der Fahrt, wenn auch nicht aus eigener Kompetenz – ist in gewissem Sinne die einfachste, sozusagen natürlichste. Sie liegt zugrunde bei Naevius (Bell. Pun. fr. 13a Morel), dessen epische Konzeption für die Fahrt des Aeneas von Troja nach Latium Vergil in manchen Stücken (Seesturm; Interpellation der Venus bei Jupiter) nachweislich beeinflußt hat. Bei Naevius hat Anchises – gewiß vor Beginn der Fahrt – Bücher, die die Zukunft erschließen, von Venus erhalten; bei ihm ist Anchises mit Aeneas bis nach Latium gelangt.[10]

Vergil hat diese Konzeption nur zum Teil übernommen: Anchises ist zwar nicht der Kommandant, aber doch der *spiritus rector* für die Fahrt, allerdings nur bis Sizilien; er stirbt in Segesta. Nachdem er sich einmal unter dem Eindruck von *omina* zum Verlassen Trojas entschlossen hat, beeinflußt er durch seine Interpretation des Orakels von Delos, zuerst irrend, dann zutreffend, das Ziel der Fahrt, Italien, das Land der Väter, die *antiqua mater,* entscheidend. Er bestärkt auch nach seinem Tod seinen Sohn auf dem rechten

---

Aufbruch der Juden aus Ägypten ins Gelobte Land. Für die Juden unter Moses aber gibt es keine Irrfahrt; Jehova zieht ihnen ständig voraus, am Tage als Wolken-, in der Nacht als Feuersäule (Ex. 13,21). Diese eher drastische Form der Wegweisung findet sich in der Überlieferung der Aeneas-Sage nicht. Deshalb kann auch die sonst interessante Gegenüberstellung von R. Bohn: Untersuchungen über das Motiv des ‚Gelobten Landes' in Vergils Aeneis und im Alten Testament, phil. Diss. Freiburg i. Br. 1965, S. 120 ff. für „Die Motive von Flucht und Suche" und „Sinn und Ziel der Irrfahrt" wenig Gemeinsames erbringen.

[9] Noch in anderer Weise steht der Auszug aus Troja bei Vergil unter dem Zeichen eines Sterns: erst ein Sternprodigium (das im Sinne eines *prodigium imperativum* von Jupiter gesandt ist) bestimmt Anchises, mit seiner Familie Troja zu verlassen (Aen. II 692 ff.). Vorbilder für die Bedeutung eines prodigiösen Sterns bei Vergil sind Od. 13,93 f. und in anderer Weise Apoll. Rhod. 4,29 ff. – aber auch das *sidus Iulium* (vgl. Aen. VIII 681). Vgl. dazu außer den Kommentaren vor allem B. Grassmann-Fischer: Die Prodigien in Vergils Aeneis, München 1966, S. 14 ff., 23 ff., 109 f.
Übrigens bezieht sich eine Reminiszenz an Aen. II 692 ff. bei Prudentius Cathem. 12,53 ff. auf den Stern der Magier, meine Ausgangspassage!

[10] Bei Ennius scheint Venus dem Anchises prophetische Kräfte verliehen zu haben (ann. 18 sq.) – doch ich will nicht alle Belege für typologisch zusammengehörige Versionen anführen.

Weg: in Karthago und auf Sizilien nach der Krise des Schiffsbrandes durch Traumerscheinungen; in der Unterwelt, zu der Aeneas auf der letzten vorläufigen Landung bei Cumae Zugang findet; auf seine Ankündigung bezieht Aeneas im VII. Buch – anders als er es vor Dido im III. Buch 255 ff. erzählt hatte – das Tischprodigium, das das Ende der Irrfahrten bezeichnet – wenn man will eine Freudsche Fehlleistung, die die Bedeutung des Anchises für Aeneas (und gleichzeitig für Vergil) nur noch unterstreicht.

5.3

Außer dem Vater könnte auch eine andere Person aus der Familie des Aeneas die Leitung übernehmen. In Frage käme die Ehefrau. Nach einer Version der Aeneas-Sage (belegt in der spätantiken Origo gentis Romanae 9,5)[11] hat Aeneas das Orakel Apolls auf Delos aufgesucht und dort Lavinia, die Tochter des Königs Anius, geheiratet. Diese hat ihn nach Italien begleitet, und nach ihr soll die erste trojanische Stadtgründung in Latium benannt sein. Es wird ausdrücklich berichtet (Dion. Hal. I 59,3), daß diese Tochter des Priesterkönigs von Delos mantische Kräfte besaß.

Vergil hat den Besuch des von König Anius beherrschten Delos beibehalten; dort bekommt Aeneas vom Orakel Apolls den mißverständlichen Auftrag *antiquam exquirite matrem*. Aber von einer Heirat ist dort nicht die Rede. Aeneas mußte bei Vergil frei bleiben für die Ehe mit einer latinischen Prinzessin. Der ersten Gattin des Aeneas, Creusa, verleiht Vergil nach ihrem Tod prophetische Kräfte. Aber das ist ein besonderes Problem (s.u. 6).

5.4

Als Führer in Frage kämen auch Personen außerhalb der Familie, freiwillige oder gezwungene Fahrtgenossen. Die gewalttätige Lösung ist bezeichnenderweise nicht für die Trojaner, sondern nur für die aus Tyros mit Dido geflohenen Punier belegt. Nach Servius (Aen. I 443) hat Dido auf einer der Juno heiligen Insel (aus Iustin 18,5,1 erfahren wir, daß es Kypern war) den Orakelpriester geradezu gekidnappt (Iustin 18,5,2 hat eine harmlosere Version), weil sie seinen Prophezeiungen der *Karthaginis sedes* nicht traute. Aber dessen Anweisung, an der afrikanischen Küste eine Stadt zu gründen, erwies sich als von göttlicher Autorität sanktioniert: der Platz wurde durch zwei *omina* bestätigt. Es wurde zuerst der Kopf eines Ochsen, dann der eines Pferdes ausgegraben – Zeichen für eine dereinst blühende und kriegerische Stadt, aber auch für eine Stadt, die zu dienen gezwungen sein wird.

Bei Vergil wird (Aen. I 443 f.) nur das Pferdeomen bei der Gründung Karthagos, nicht die Vorgeschichte erwähnt.

---

[11] Eine Aufwertung des Quellenwertes der Origo gentis Romanae (die von Perret 1942 praktisch nicht berücksichtigt ist) enthält der Artikel ‚Corpus Aurelianum' von P. L. Schmidt, RE Suppl. 15, 1978, 1583–1676, bes. 1604 ff.

Einen fremden Begleiter auf der Fahrt gewinnt Aeneas in der Person des von Odysseus auf der Kyklopeninsel zurückgelassenen Achaemenides (III 588 ff.). Dieser fungiert aber für die Fahrt entlang der Küste Siziliens nicht eigentlich als Lotse, sondern als Periheget (III 690).

5.5
Natürlich kommt auch Aeneas selbst als Führer in Frage, zumal dann, wenn der Einfluß des Vaters Anchises zurücktritt. Allerdings kann, wie schon Anchises (s. o. 5.2), Aeneas nicht aus eigener Kompetenz Fahrtroute und Ziel bestimmen, sondern geleitet durch die Götter. Dies geschieht in der vorvergilischen Überlieferung vor allem durch Träume und durch Orakel. In der außervergilischen Überlieferung spielt das Traum-Motiv schon bei dem ältesten römischen Annalisten, Fabius Pictor, eine Rolle. Er bot (fr. 3 P.) *somnium ... eiusmodi, ..., ut omnia, quae ab Aenea gesta sunt quaeque illi acciderunt, ea fuerint, quae ei secundum quietem visa sunt.* Wann Aeneas diesen wahrhaft allumfassenden Traum nach Fabius Pictor erlebt hat, wissen wir nicht. Es ist auch fraglich, ob man einem solchen Traum sozusagen Leitungsfunktion für Aeneas zuschreiben kann.[12] Kaum jedenfalls wird der Traum allein ausgereicht haben, um Fahrt und Ziel des Aeneas bei Fabius Pictor zu determinieren. Eher wird man dies für die mehrfachen Traumerscheinungen der Penaten in Varros Darstellung der Aeneas-Sage[13] voraussetzen dürfen.

In der Aeneis spielen ebenfalls Träume[14] für die Wegweisung eine wichtige Rolle, aber nie ohne eine zusätzliche Beglaubigung: Der erste Aufruf zur Flucht aus Troja ergeht an Aeneas durch die Traumerscheinung Hektors (II 289 ff.); aber sie bleibt ohne direkte Auswirkung. Die von Apollo gesandte Penatenerscheinung auf Kreta, durch die für Aeneas unzweideutig Italien als das Land der Verheißung identifiziert wird (III 154 ff.), wird erst durch ein bekräftigendes Zeugnis des Anchises (III 180 ff.) entscheidend für die weitere Fahrt. Die Lösung des Aeneas von Karthago bewirkt, neben der Erscheinung Merkurs, auch die Traumerscheinung des Vaters Anchises (IV 351 ff.). Auch bei der Überwindung der Krise auf Sizilien, wo Aeneas sich nach dem Schiffsbrand die Frage stellt, ob

---

[12] Die Benutzung von Träumen durch Historiker war seit Polybios nicht unumstritten; vgl. zu diesem Thema A. La Penna: Polemiche sui sogni nella storiografia latina arcaica, StudUrb 49.1, 1975, 49–60. – Ob prophetische Träume des Aeneas (meine No. 5.5) „poetischer" sind als prophetische Bücher für Anchises als typologische Vorwegnahme der *libri Sibyllini* (meine No. 5.2), läßt sich wohl nicht entscheiden. Perret 1942, S. 485 favorisiert die Träume vor den Büchern; M. Barchiesi: Nevio epico, Padova 1962, S. 371 f. findet das Traum-Motiv bei Fabius Pictor banal und schätzt die Bücher-Erfindung durch Naevius höher.

[13] Zum Penaten-Traum in der Aeneis III 148 verweist der Servius auctus auf Varros Vorgang: *visos* (sc. *deos penates ab Aenea*) *aliquotiens in somnis quid fieri vellent imperasse.* Reiche Hinweise auf die verschiedenen Versionen römischer Antiquare von der Natur der Penaten und ihrer Überführung nach Italien gibt Macrob. Sat. III 4,6–13 und verfehlt dabei nicht, auf die entsprechenden (widersprüchlichen) Reminiszenzen bei Vergil hinzuweisen.

[14] Literatur zu den Träumen in der Aeneis findet man in meiner Bibliographie: Hundert Jahre Vergilforschung, ANRW II 31.1, 1980, S. 135 f., besonders Steiner 1952.

er wirklich nach Italien weiterfahren oder auf Sizilien bleiben soll, wirken der göttlich inspirierte Rat des Nautes (V 709 ff.) und eine Traumerscheinung des Anchises (V 722 ff.) zusammen.

5.6

Wer in den Augen der vorvergilischen Autoren dem Aeneas die prophetischen Träume geschickt hat, ob auch hier schon, wie in der Aeneis beim Penaten-Traum, Apoll ausdrücklich genannt war, ist nicht festzustellen. Deutlich ist die Rolle Apolls als wegweisender Gott für die Aeneaden aber auf jeden Fall in seiner Eigenschaft als Orakelgott.

Daß die Bedeutung Apolls in der Aeneis für die Fahrtleitung entscheidend ist, ist wohlbekannt, und auch der politische Hintergrund dieser Entscheidung Vergils, die Verherrlichung des von Augustus am meisten verehrten Gottes. Apoll muß aber auch schon in der vorvergilischen Überlieferung eine bedeutende Funktion innegehabt haben. Der Besuch des Orakels von Delos ist auch vor Vergil bezeugt, vielleicht ist sogar der von Vergil gebotene Orakelspruch *antiquam exquirite matrem* bereits bei Cassius Hemina Mitte des 2. Jhs. vorgebildet.[15] Eine singuläre Überlieferung (die Origo gentis Romanae 12,3) läßt Aeneas sogar das Orakel von Delphi besuchen. Der Aeneas Vergils beruft sich gegenüber Dido (IV 345) auf *Lyciae sortes,* auf Orakelsprüche des Apolls von Gryneum, für Italien als seine Bestimmung. Auch wenn wir kein entsprechendes vorvergilisches Zeugnis besitzen, daß die Aeneaden dieses Orakel bei Klazomenai aufgesucht haben, wird man diesen überraschenden Verweis (wo doch statt dessen das Orakel von Delos oder Helenus hätten genannt werden können) am ehesten als Anspielung auf eine entsprechende vorvergilische Tradition verstehen müssen (und kaum als die Benutzung eines beliebigen Epithetons für den Orakelgott Apoll).

5.7

Neben Apoll selbst können auch Stellvertreterfiguren mit Orakeln oder Weissagungen seinen Einfluß deutlich machen. Das sind vor allem die Sibyllen. Nach einer (textkritisch nicht ganz klaren) Version bei Dion. Hal. I 55,3 soll die Erythraeische Sibylle, die offenbar mit einer Sibylle am Berge Ida identifiziert wird, den Aeneaden die Fahrt nach Westen befohlen und das Eintreten des Tisch- und des Sauprodigiums als Zeichen für das Erreichen des Ziels angekündigt haben. Bei Vergil ist der Besuch einer Sibylle an eine ganz andere Stelle gerückt: die Cumaeische Sibylle ist nicht mehr für die Fahrt nach Latium, sondern für die nähere Zukunft in Latium zuständig (VI 83 ff.), nur indirekt auch für die fernere römische Geschichte.

Eine weitere Stellvertreterfigur für Apollo ist bei Vergil in einer beiläufigen Rückerinnerung des Anchises (III 183 ff.) Cassandra. Ihrem prophetischen Hinweis auf *Hesperia*

---

[15] S. oben Anm. 3.

und *Itala regna* hatte man aber seinerzeit in Troja nicht geglaubt, weil ihr getäuschter Liebhaber Apoll ihr die Glaubwürdigkeit vorenthalten hatte.

Bei weitem der wichtigste Sprecher Apolls ist in der Aeneis aber der Apoll-Priester Helenus in Buthrotum (III 374 ff.).

5.8

Die Helenus-Episode in Buthrotum vereinigt bei Vergil Elemente, die in der Tradition geschieden waren, nämlich das Anlaufen des Hafens Buthrotum, den Marsch landeinwärts, um das Jupiter-Orakel von Dodona zu befragen, und das dortige Zusammentreffen mit Helenus (vgl. Dion. Hal. I 51,1; 55,4). Einen Besuch des berühmten Jupiter-Orakels hat Vergil sicher nicht nur aus Gründen der Ökonomie (er hat nur noch das eine Orakel von Delos beibehalten) aufgegeben, sondern wohl auch deshalb, um den Einfluß Jupiters an anderen Stellen, besonders in Krisen, um so nachhaltiger zum Tragen bringen zu können.

5.9

Außer Venus, Apoll und, indirekt, Jupiter spielt noch ein weiterer Gott in der vorvergilischen Aeneas-Sage eine fahrtleitende Rolle: Hermes. In dem ältesten Zeugnis für eine Fahrt des Aeneas nach Westen überhaupt, den auf Stesichoros fußenden Tabulae Iliacae,[16] geleitet (der durch eine Inschrift identifizierte) Hermes die Familie des Aeneas aus einem Tor Trojas hinaus; allerdings fehlt er in der gleichfalls abgebildeten sinngemäß anschließenden Szene, wo die Aeneaden die Schiffe zur Fahrt nach Hesperien besteigen.

Diese Konzeption ist später nur ganz selten wieder aufgegriffen worden. Die Rolle des Mercurius in der Aeneis, als Bote Jupiters an Dido, die Aeneaden freundlich zu empfangen, in Aen. I 297 ff. und in Aen. IV 222 ff. als Mahner gegenüber Aeneas, im Auftrage wiederum Jupiters, er solle Karthago verlassen (vgl. noch IV 554 ff.), ist nicht recht vergleichbar. Allerdings wird Mercurius bei Naevius eine merkwürdige Leistung zugeschrieben, die uns zum letzten Punkt bringt.

5.10

Nach manchen Sagenvarianten hat offenbar das Schiff des Aeneas eine besondere Qualität gehabt: bei Naevius (frg. 11 Morel) hat Aeneas nur ein einziges Schiff,[17] und dieses ist von Mercurius gebaut. Auch wenn unklar ist, ob dieser Schiffsbau am Strand von Troja

---

[16] Vor allem N. Horsfall: Stesichorus at Bovillae?, JHS 99, 1979, 24–48, bes. S. 38 ff. (vgl. auch ders.: Some problems in the Aeneas legend, CQ NS 29, 1979, 372–391, bes. S. 375 f.) bezweifelt allerdings, daß die Tabula Iliaca (das älteste von 20 Bruchstücken ist die Capitolina aus mittelaugusteischer Zeit) ein wirklich zuverlässiges Zeugnis für Stesichoros' Darstellung ist.

[17] Übrigens berichtet Serv. auctus Aen. VIII 357 auch von Janus: *una navi exul venit* (sc. *Romam*).

oder – so eine rivalisierende Interpretation – an der Küste von Karthago stattfand, könnte die Mitwirkung Merkurs vielleicht auf dessen besondere Bedeutung für das Finden und Einhalten des Kurses weisen. Hinter einem solchen von einem Gott erbauten einzigen Schiff des Aeneas dürfte letzten Endes die Erinnerung an das erste Schiff überhaupt stehen: in die von Argos erbaute Argo hatte Athene ein Stück von der redenden Eiche von Dodona eingefügt (Apoll. Rhod. IV 581 ff.). Auch daß die Phäakenschiffe der Odyssee ohne Steuermann, von den Gedanken der Passagiere geleitet, ihr Ziel zu finden wissen (Od. 8,556 ff.), mag mitspielen.

Bei Vergil spielen die Schiffe während der Irrfahrten keine besondere Rolle. Erst nachträglich hören wir im IX. Buch (IX 77 ff.) in einem erzählerischen Rückgriff, der in seiner Art in der Aeneis einmalig ist, daß auch die (ursprünglich: 20) Schiffe des Aeneas keine gewöhnlichen Fahrzeuge waren: sie waren aus Stämmen gebaut, die aus einem der Magna Mater Idalia heiligen Hain am Ida in der Troas stammten, und Jupiter hatte wenigstens denen, die die Fahrt nach Latium überstehen würden, die Unsterblichkeit versprochen. Dieses Versprechen löst Kybele, die *genetrix*, durch die Metamorphose der verbliebenen 15 (oder besser: 13) Schiffe in Nymphen ein, als sie von Turnus und der italischen Koalition mit Brandfackeln bedroht werden (IX 107 ff.). Diese Nymphen warnen später (X 217 ff.) den mit der etruskischen Hilfsflotte herannahenden Aeneas; aber von einer eigentlichen Fahrtleitung kann man selbst hier nicht sprechen.

6.

Es zeigt sich also, daß Vergil die meisten der ‚Angebote', die ihm durch die vorvergilischen Varianten der Aeneas-Sage für das Motiv der göttlichen Leitung gemacht wurden, angenommen, sie aber einer neuen Konzeption angepaßt hat. Das ist, wie das R. Heinze in klassischer Weise für Aen. III herausgearbeitet hat, die Konzeption der schrittweisen Erhellung des zunächst noch ungewissen Fahrtzieles durch sich steigernde Orakel, durch Irrtum und Aufklärung. Eine genauere Betrachtung der vorliegenden Aeneis kann aber nicht nur Anspielungen auf andere Sagenvarianten, sondern gelegentlich auch Spuren einer Konzeption aufdecken, die dem Prinzip der anfänglichen Unbestimmtheit des Fahrtzieles widerstreitet. Das berüchtigtste Beispiel ist die Creusa-Szene am Ende von Aen. II. Hier erhält Aeneas schon vor seiner Abfahrt von Troja durch die Vision seiner durch Kybele entrückten Frau (II 780 ff.) so genauen Aufschluß über sein Ziel (*et terram Hesperiam venies, ubi Lydius ... fluit Thybris*), daß nur eine bemüht psychologisierende Interpretation (Aeneas habe die Erscheinung später vergessen oder der Hinweis auf den Tiber im Abendland würde ihm in diesem Augenblick nichts sagen) eine harmonisierende Lösung vertreten kann. Hier hilft auch der in geringeren Fällen von Unstimmigkeiten erlaubte Hinweis auf die hellenistische Technik der Anspielung auf eine andere mythische Tradition nicht aus dem Dilemma. Überzeugend ist nur eine genetische Erklärung:

es liegt eine ältere, noch nicht mit Aen. III abgestimmte Konzeption einer früheren Arbeitsphase Vergils vor.[18]

7.

Was ist unter den verschiedenen Versionen der Aeneas-Sage ‚Wahrheit'? Ich schließe mit dem ironisch-resignierenden Kommentar von Dionys von Halikarnaß, dessen Buch I der Antiquitates Romanae für uns das reichhaltigste Sammelbecken für die heterogenen Versionen zur Fahrt des Aeneas und seiner Landung in Latium darstellt. Er antwortet auf diese Frage I 56,5: „Das können wohl nur die Götter wissen."

Aber die Dichter der Antike glaubten sich von göttlichen Mächten inspiriert.

---

[18] Manche Interpreten halten allerdings die Creusa-Szene für jünger als die Konzeption von Aen. III und trotzdem für mit ihr vereinbar: Creusa habe Aeneas mit den „unverständlichen geographischen Bezeichnungen" *Hesperia* und *Lydius Thybris* vor ein „Rätsel" gestellt, das im Verlauf von Aen. III (vor allem durch die Penatenerscheinung) gedeutet werden mußte, so die wenig überzeugende, auch im Einzelnen sehr komplizierte Interpretation von Th. Berres: Die Entstehung der Aeneis, Wiesbaden 1982 (urspr. Diss. Freiburg 1977) = Hermes Einzelschriften 45, S. 154 ff.

Heinrich Naumann

125 Jahre „Vita Donatiana" des Vergil

Zur Geschichte einer Fehlzuweisung*

1.

Im Jahre 1860, vor 125 Jahren also, gab August Reifferscheid (1835–1887) in seinen C. Suetoni Tranquilli praeter Caesarum libros reliquiae (Leipzig 1860) den ersten ‚kritischen' Text der Vergilvita heraus, die Petrus Daniel aus Orléans im Bernensis 172 entdeckt und zusammen mit dem Servius Auctus im Jahre 1600 veröffentlicht hatte. Dabei sah er sich vor die Frage gestellt, was von den Zeugnissen zu halten sei, mit denen Scriverius[1] 1759 versucht hatte, die Verfasserschaft des Donat an dieser Vita zu beweisen. Er kam bereits damals zu dem Ergebnis:

1. Die Servius-Zeugnisse (abgedruckt RhM 87, 1938, S. 340 f.) beweisen, was ohnehin nicht zweifelhaft sein kann: daß die Praefatio Bucolicorum das Werk des Aelius Donatus ist.

2. Die Zeugnisse im Liber glossarum (abgedruckt RhM 87, 1938, S. 341 f.) – Reifferscheid bezeichnet ihn noch, nach Scriverius, als Glossa Isidori – besagen nicht mehr, als daß der Glossator seine Zitate im Vergilkommentar des Aelius Donatus gefunden hat, nicht aber, daß Donat auch der Verfasser dieser Vergilvita ist.[2]

> *Sed tamen quae adhuc disputata sunt ita intellegi nolim, quasi iam pro explorato habeam Donatum vitae scriptorem esse, cum id tantum ostenderim hunc grammaticum eam scholiis praemisisse* (400).

Reifferscheid gelangt dabei zu einer weiteren Erwägung, der man die Zustimmung ebensowenig wird versagen können: Die Tatsache, daß Donat seinem Terenzkommentar – ohne in einer Überschrift den Verfasser zu nennen – die Terenzvita des Sueton vorangestellt hat, legt zum mindesten die Vermutung nahe, daß die Vergilvita, die seinem Vergil-

---

* Der Verfasser, der den ersten Anstoß für die vorliegende Festschrift gegeben hat, konnte die Fahnen seines Beitrags nicht mehr sehen. Heinrich Naumann, geb. am 15.2.1906, ist am 24.1.1985 gestorben.

[1] Bei Petrus Burmannus jun.: Anthologia veterum Latinorum poetarum I 369, Amsterdam 1759.

[2] Auch der von E. Woelfflin im Parisinus lat. 11 308 s.X. entdeckte und Philologus 24, 1866, 153–155 herausgegebene Widmungsbrief an L. Munatius, mit dem Donat seinen Vergilkommentar eröffnet hat (Nachweis der Echtheit RhM 87, 1938, S. 337 ff.), ist kein Zeugnis für seine Verfasserschaft an der Vita, wie Woelfflin (S. 153) gemeint hatte. Noch weniger die späten *tituli* und *subscriptiones* wie *Vergilii vita secundum Donatum* (C. Hardie [ed.]: Vitae Vergilianae antiquae, Oxford ²1966, S. 6; K. Bayer: Vergil-Viten, in: Vergil: Landleben [Bucolica, Georgica, Catalepton], lat. und deutsch hrsg. von J. und Maria Götte, München Neuausg. 1970 [Tusc.], S. 660 f.). Sie finden sich nicht nur bei der Vita des Donatkommentars, sondern – worauf W. Suerbaum aufmerksam gemacht hat – auch bei der „Libellus-Vita" (nur in den Hss. CKO) und bei der „Erweiterten Vita" (Int). Wer ihnen mehr entnehmen würde als den – wie auch immer erhaltenen – Zusammenhang mit dem Donatkommentar, wäre genötigt, Donat als Verfasser von allen drei Viten anzuerkennen.

kommentar – wiederum ohne am Anfang den Namen des Verfassers zu tragen – voransteht, ebenfalls aus den Viri illustres des Sueton entnommen ist:[3]

> *quid quod idem in commentario Terentiano rem ita gessit, ut vitam poetae de libro inlustrium virorum Suetoniano simpliciter sublatam hypomnematis suis anteponeret?* (401).

Er erkennt sogar die Bedeutung an, die den Sueton-Belegen, die Gronovius 1746 in Burmanns Abdruck der Erweiterten Vita beigebracht hatte, für die Entscheidung der Verfasserfrage zukommt:

> *nec iam parvi momenti est conparatio, quam Gronovius l.c. inter multas dictiones quibus vitae scriptor utitur et simillimas quas Suetonius usurpare amat instituit* (401).

Leider ist Reifferscheid der Frage, wie sich der Wortschatz der gesamten Vita zum Wortschatz Suetons verhält, nicht nachgegangen. Er fährt vielmehr fort, als ob ihn der „Mut zur eigenen Courage" verlassen hätte:

> *attamen cavendum est ne hac similitudine decepti calidius Gronovio adsentiamur* (401).

Und ohne zu fragen, warum denn Donat im Falle Vergil anders vorgegangen sein soll als im Falle Terenz, gibt er die folgenreichen Begründungen:

> *(1) nam statim prima vitae sententia* (cf.p. 54,10 *egregieque substantiae silvis coemendis et apibus curandis auxisse reculam*) *docemur non Suetonium loqui sed grammaticum posterioris aetatis.*
> *(2) neque consentiunt ita ut par est excerpta Hieronymiana* (cf. fgm.* 37 cum vita p. 63,5).

(Zu 1): Die erste Begründung stützt sich nicht auf eine sorgfältige Untersuchung, welches der inkriminierten neun Wörter für Sueton wirklich unmöglich und für Donat kennzeichnend und beweisend ist.

(Zu 2): Auch bei der zweiten Begründung ist nicht untersucht, wie sich Hieronymus im allgemeinen zu seiner Vorlage Sueton verhält und welche Bewandtnis es im vorliegenden Fall mit Abweichungen und Übereinstimmungen hat, sondern er begnügt sich mit einem autoritären *ita ut par est*.

Aus diesem – philologisch nicht wenig bedenklichen – „Beweismaterial" zieht Reifferscheid (401) den vernichtenden Schluß:

> *quae cum ita sint, patet opinor vitam quidem Suetoni nos habere sed retractatam illam Donati cura.*

---

[3] „At the end of the Terence Vita we read: *haec Suetonius Tranquillus*, and it is difficult to see, let alone to show reason, why Donatus should not have followed Suetonius in the Vita of Virgil as he did in that of Terence" (Verf.: HSCPh 83, 1981, S. 185).

Die Folgen waren verhängnisvoll. In 125 Jahren hat weder diese Folgerung noch ihre Begründung eine wissenschaftliche Nachprüfung erfahren. Selbst Norden, der das zweite, das Hieronymus-Argument Reifferscheids, widerlegt hat (s. u. Abschnitt 4), erkennt ohne Einschränkung oder Nachprüfung das erste, das Stil-Argument, an: *primum recte volgarem quendam scribendi morem a polita Suetonii aetate alienum arguit* (RhM 61, 1906, S. 167). Er überschreibt den ersten Teil dieses Aufsatzes „De Aelii Donati Vita". – Bis auf Diehl, der 1911 von „Donat-Sueton" spricht, haben auch die Herausgeber die Vergilvita dem Donat zugeschrieben, so Brummer 1913, Hardie 1957 und 1966 und Brugnoli 1962. Nur Leo wagte etwas „Salomonisches": In den „Plautinischen Forschungen" (1896) heißt es „Donat in der suetonischen Vita" (S. 21) und „Sueton in der Donatvita" (S. 38).

2.

Seit dem Erscheinen des Sueton-Index von Howard und Jackson[4] haben zwei Dissertationen[5/6] und ein dissertationsähnlicher Aufsatz[7] ergeben, daß Wortschatz, Aufbau, Denkweise und Stil der Vergilvita mit Wortschatz, Aufbau, Denkweise und Stil des wenigen, was von Suetons Gesamtwerk erhalten ist, so vollkommen übereinstimmen, daß an der Verfasserschaft des Sueton kein Zweifel mehr möglich sein sollte. Der paradigmatische Abdruck des Materials für § 39–41 im RhM 87, 1938, S. 365–367, stimmt nahezu wörtlich mit dem in Bayers maschinenschriftlicher Dissertation vorgelegten Material überein. Bis auf § 37–38[8] ist kein Einschub des Donat wirklich nachgewiesen.[9] Sogar Paratore[10], der leidenschaftlichste Verfechter der Vita Donatiana, gibt zu „L'assenza di parole flagrantamente estranee all' usus scribendi dell' autore del De Vita Caesarum" und „In essa non è

---

[4] A. A. Howard/C. N. Jackson: Index verborum C. Suetoni Tranquilli, Cambridge Mass. 1922.
[5] R. M. Geer: Quatenus Vita Vergiliana Aelio Donato attributa re vera Suetonio debeatur quaeritur – Summary: HSCPh 37, 1926, S. 99–100; ders.: Non-Suetonian passages in the Life of Vergil formerly ascribed to Donatus, TAPhA 57, 1926, 107–115.
[6] K. Bayer: Der suetonische Kern und die späteren Zusätze der Vergilvita, masch. Diss. München 1952.
[7] Verf.: Suetons Vergil-Vita, RhM 87, 1938, 334–376.
[8] Zu den vier sachlichen Argumenten (RhM 87, 1938, S. 364–368; WSt NF 13/92, 1979, S. 159–161), auf die schon Ed. Norden (RhM 61, 1906, S. 169) aufmerksam gemacht hatte, kommen vier sprachliche. Von den sechzehn Worten der Einfügung *qui eius Aeneidem post obitum iussu* Caesaris *emendaverunt. de qua re Sulpicii Carthaginiensis extant huiusmodi versus* sind nicht weniger als vier für Sueton so unmöglich wie für Donat, seine Zeit und seine Schule kennzeichnend: das „Ersatzwort" Caesaris statt *Augusti, extant* für Verse eines Zeitgenossen, *emendaverunt* statt *ediderunt* (so Hieronymus zu Lucrez und zu Varius und Tucca) und *huiusmodi* statt *hi versus* (Hieronymus: *titulo istius modi supra scripto*).
[9] Geer athetiert (außer § 1) § 6, 16 und 17 f. sowie – mit der Begründung, es seien zwei Gewährsmänner angeführt – § 10, 29, 34, wobei er § 42 übersehen hat. Dazu RhM 87, 1938, S. 359–369. Gegen dieses naive, kritisch nicht reflektierte Vorgehen hat Bayer eingewandt (Diss. S. 2): „Ein entscheidendes Gewicht haben die Ergebnisse eines bloßen Wortschatzvergleiches nicht. Vieles läßt sich so oder so entscheiden, je nach ira et studium des Beurteilenden." (S. 241) „Man kann eben auch nicht fordern, daß Sueton sich nie anders ausdrücken durfte, als uns das aus den Caesares und den kleineren Viten bekannt ist."
[10] E. Paratores Athetesen (Una nuova ricostruzione del „De poetis" di Suetonio, Roma 1946, Bari ²1950 werden durch Bayers gründliche, sorgfältig abwägende Sprachuntersuchung in keinem Falle bestätigt: Vgl. zu § 19 S. 148, zu § 20 S. 151, zu § 23 S. 162, zu § 24 S. 165, zu § 34 S. 187 und 190, zu § 35 S. 193 und 200, zu § 42 S. 230 (Philologus 118, 1974, S. 144; WSt NF 13/92, 1979, S. 165).

riuscito a ravvisare alcun altro particolare linguistico che smentisse l'usus di Suetonio" (Philologus 121, 1977, S. 259 und 261). Daß selbst an geringfügige Änderungen und Zusätze des Donat, die philologisch kaum nachweisbar sein könnten, nicht zu denken ist, ergibt sich aus den „Drei Argumenten", die RhM 87, 1938, S. 349–354[11] zum erstenmal vorgelegt worden sind:

(1 und 2) Wenn Donat in der Vergilvita nicht einmal das änderte, was er in seiner Ars maior für *grammatisch falsch* erklärt hatte (Soloecismus-Argument), oder das, was er nachweislich für *sachlich falsch* hielt (Widerspruchs-Argument), dann hat er überhaupt nichts geändert.

(3) Wenn die Lieblingsmetapher des Donat, Beruf anstelle des Namens, weder in der Terenzvita noch in der Vergilvita begegnet außer in dem ohne Frage donatischen Einschub § 37–38, dann hat Donat diese Viten weder geschrieben noch sie so tiefgreifend verändert, wie das insbesondere von Paratore – ohne jeden exakten Nachweis – behauptet worden ist (Ersatzwort-Argument).

Diese Argumente können nicht dadurch als widerlegt gelten, daß sie in der Sekundärliteratur verschwiegen werden. Gerade dieses Verschweigen dürfte deutlich machen, daß selbst die hartnäckigsten Verfechter der Vita Donatiana sie als unwiderlegbar ansehen.

3.

Aus dem in den Arbeiten von Geer, Bayer und des Verfassers vorgelegten Material ergibt sich für die von Reifferscheid beanstandeten neun Worte in § 1 der Vergilvita *egregieque substantiae silvis coemendis et apibus curandis auxisse reculam* folgendes:

3.1. Zum Wortschatz: *Egregie* ist bei Sueton zweimal bezeugt, *egregius* achtmal, *silva* neunmal, *coemere* zweimal, *curare* dreiundzwanzigmal, *augere* einunddreißigmal; *apis, substantia, recula* finden sich nicht. *Substantia* begegnet bei Tacitus (Dial. 8), *recula* bei Cicero (pro Sestio 51,110). Das sind Autoren, die selbst Reifferscheid nicht als *grammatici posterioris aetatis* angesehen haben dürfte. Ein Beweis dafür, daß Sueton diese Worte nicht angewendet haben *kann*, daß sie nur von Donat stammen *können*, ist nicht erbracht und wohl auch kaum zu erbringen.

3.2 Zum Inhalt: Bei Tacitus handelt es sich, wie hier beim Vater Vergils, um einen Aufstieg aus eigener Kraft, *sine substantia facultatum*. Bei Cicero um eine witzige Pointe: *rem paternam ab idiotarum divitiis ad philosophorum reculam perduxit*. Sie scheint hier gewissermaßen umgekehrt. Witzige Pointen dieser Art sind bei Sueton sehr häufig (Bayer, S. 38 und 72). Bei Donat fehlen sie gänzlich. Berichte von geringer Herkunft berühmter Männer kommen bei Sueton nicht weniger oft vor als solche vom Reichwerden armer.

---

[11] Vgl. Philologus 118, 1974, S. 133–138; WSt NF 13/92, 1979, S. 157–159.

Koertge[12] führt aus den Grammatici et Rhetores 23 Beispiele an, denen sich aus den Caesares anschließen lassen A 2,3; 3,1; Vi 1,1; Ve 1,2 und 1,4.

3.3 Zum Stil: Daß hier etwas Wichtiges an den Satz „angehängt" scheint, spricht nicht gegen Sueton. Er liebt solche Nachtragssätze noch mehr als Tacitus (Bayer, S. 64 f.). Auch der Satzbau entspricht dem Stil Suetons (RhM 87, 1938, S. 356 f. und 359; Bayer S. 5–73). Das Prädikat *tradiderunt* steht zwischen den abhängigen Infinitiven *generum (fuisse)* und *auxisse* (Bayer, S. 22 f.). Der Infinitiv *fuisse* ist elliptisch aus *auxisse* zu ergänzen (Bayer, S. 25). Zwischen dem Attribut *substantiae* und seinem Beziehungswort *reculam* ist nicht nur *auxisse* eingefügt (Hyperbaton; Bayer, S. 8 ff.), sondern auch noch der für Sueton kennzeichnende Parallelismus *silvis coemendis et apibus curandis*. Dieser Parallelismus hat nichts Pleonastisches, was Sueton als Verfasser ausschließen würde (Bayer, S. 11 und 20). Diese *figurae simplices* gehören zum *ornatus facilis*, zu den Stilmitteln, durch die Sueton seinen betonten *stilus humilis* in unauffälliger Weise belebt und elegant wirken läßt. Dem Donat sind diese Stilmittel durchaus fremd (Bayer, S. 11). Bei Sueton begegnen sie auch verbunden (Bayer, S. 12: J 26,1).

3.4 Zum Zusammenhang (Kontext): Eine Athetese scheint vor allem dann gerechtfertigt, wenn sich ein gestörter Text dadurch organisch zusammenschließt. Für § 37–38 hatte das bereits Norden festgestellt (RhM 61, 1906, S. 169). Bei den anderen Athetesen, die man in der Vergilvita versucht hat, ist es umgekehrt: „sie hinterlassen nicht einen geglätteten, sondern einen zerpflückten Text, zu dem gerade das die notwendige und sinnvolle Ergänzung darstellt, was die Athetierenden glaubten ausscheiden zu müssen" (WSt NF 13/92, 1979, S. 161). Nach dem Bericht über die einfache Herkunft des Vaters *mußte* erklärt werden, wie es ihm trotzdem möglich war, seinem Sohn eine Ausbildung zu finanzieren, die zu den höchsten Staatsämtern berechtigte. Horaz hat über die Kosten sehr eindrucksvoll berichtet (Serm. 1, 6, 76 ff.).

4.

Wie sein *grammaticus posterioris aetatis,* hatte sich inzwischen auch Reifferscheids *ita ut par est* in Nichts aufgelöst. Schon Norden hatte erkannt: *Hieronymo ut qui chronica scriberet, certis temporum indiciis opus erat, quae ubicumque non commemorata invenit* fortiter fingere *a sanctitate sua alienum non putabat* (RhM 61, 1906, S. 168). Und der Herausgeber Rudolf Helm[13] hatte getan, was Reifferscheid hätte tun sollen, ehe er urteilte: Er hatte sämtliche Hieronymus-Nachrichten mit den entsprechenden Suetonstellen vergli-

---

[12] G. Koertge: In Suetonii de viris illustribus libros inquisitionum capita tria, Halle 1900 = Diss. phil. Halenses vol. 14 pars 3.
[13] R. Helm: Hieronymus' Zusätze in Eusebius' Chronik und ihr Wert für die Literaturgeschichte, Leipzig 1929 = Philologus Suppl. 21.2.

chen. Ergebnis: „Wir dürfen nicht entfernt den gleichen Anspruch an Gewissenhaftigkeit und wissenschaftliche Ehrlichkeit, wie ihn heute jeder Forscher an sich stellt oder stellen sollte, für jene Zeiten erheben" (S. 95).

Die Hieronymus-Zitate haben dadurch für die Verfasserfrage nicht an Bedeutung verloren, sondern gewonnen. Ihre Übereinstimmung mit der Vergilvita des Donatkommentars liefert das *haec Suetonius Tranquillus,* das vorsichtige Philologen so lange an der Vergilvita vermißt haben.[14]

Hieronymus	Vergil-Vita
(34) *Vergilius Maro* in pago qui Andes dicitur haut procul a Mantua *nascitur Pompeio et Crasso consulibus Idibus Octobribus.*	(§ 2) *natus est Cn. Pompeio Magno M. Licinio Crasso primum consulibus Iduum Octobrium die* in pago qui Andes dicitur *et abest* a Mantua non procul.

Das erzählende Perfekt des Historikers *(natus est)* ist in das Präsens des Chronographen *(nascitur)* umgewandelt, die Namen der Consuln sind gekürzt, der Geburtstag ist ans Ende, der Geburtsort an den Anfang gestellt. Diese Änderungen sind genau das, was man von Hieronymus erwarten konnte. Überraschend dagegen sind die Übereinstimmungen. Da Sueton als Vorlage feststeht, kann daraus wohl nur gefolgert werden, daß die Vita des Donatkommentars die Suetonvita darstellt.

(37b) ossa eius Neapolim translata *in secundo ab urbe miliario sepeliuntur titulo istius modi supra scripto quem moriens ipse* dictaverat: *Mantua me genuit* ...	(§ 36) ossa eius Neapolim translata *sunt tumuloque condita, qui est via Puteolana intra lapidem secundum, in quo distichon* fecit *tale: Mantua me genuit* ...

Die Veränderungen sind die üblichen: Das banale Präsens *sepeliuntur* statt des „gewählteren" Perfekts *condita sunt.* Die Ortsangabe ist gekürzt und verfälscht: *in secundo ab urbe miliario* (was von Rom aus gerechnet scheint) gegenüber *via Puteolana intra lapidem secundum.* Das *fecit* der Vita wird verdeutlicht: *quem moriens ipse dictaverat.* Überraschender und wichtiger sind auch hier die Übereinstimmungen: Zum zweitenmal ist eine

---

[14] Ganz gegen den Gebrauch der Zeit – Macrobius (Sat. 5, 17, 8) übernimmt aus Gellius (NA 17, 10, 7 ff.) wörtlich, ohne den Autor Favorinus oder die Quelle Gellius zu nennen, die Kritik Favorins an Vergils Aetna-Darstellung (Aen. 3, 570 ff.); auch die beiden Tractatus de Comoedia, von denen der erste dem Euanth gehört, sind von Donat dem Terenzkommentar ohne Verfasserangabe vorangestellt – setzt Donat vor den eigenen Zusatz zur Terenzvita die Worte *haec Suetonius Tranquillus.* Da er seinen Zusatz zur Vergilvita (§ 37–38) nicht angefügt, sondern eingefügt hat, konnte er weder zwischen dem Beziehungswort *Varium et Tuccam* und dem Relativpronomen *qui* ein *haec Suetonius Tranquillus* einfügen, noch konnte er seinen Einschub mit *haec Aelius Donatus* schließen. Denn die Sulpiciusverse stammen ja nicht von ihm.

Wortfolge aus der Vita wiederholt *(ossa eius Neapolim translata)* und dazu ein als problematisch geltender Sachverhalt, eine lectio difficilior also, als suetonisch bestätigt: Das Grabepigramm setzt die Erhaltung und Verbreitung der Aeneis voraus, indem es *duces* ohne jeden Vorbehalt neben *pascua* und *rura* stellt. Vergil kann also nur dann der Verfasser des Grabepigramms sein, wenn er nicht der Verfasser des Verbrennungstestamentes ist. Das Verbrennungstestament, das sogenannte „Zweite Testament", fehlt aber in der Vergilvita. Weil er es vermißt, hat Donat es durch das Sulpicius-Epigramm – als einzigen Zusatz – eingefügt.

Dieses dritte Echtheits-Zeugnis des Hieronymus beweist also gleichzeitig, daß Sueton das Grabepigramm tatsächlich dem Vergil zugeschrieben hat.

5.

Es ist das historische Verdienst von Karl Bayer, dem von Reifferscheid leichtfertig heraufbeschworenen Donatus-Irrtum ein Ende gemacht und die Vergilvita als erster unter dem wahren Verfassernamen Sueton veröffentlicht zu haben.[15] Hardie wird sich dem anschließen, sobald es zu einer dritten Auflage seiner Oxoniensis kommt. Auch in Barcelona ist demnächst eine Ausgabe der Vergilvita unter dem Namen Sueton zu erwarten.

Die Vita Donatiana war eine Fehldatierung um zweieinhalb Jahrhunderte. Aus deren Richtigstellung ergeben sich weitreichende Folgerungen:

1. Für die Quellen-Frage:[16]
Von einer Vergilvita des Varius als Quelle ist bei Sueton ebensowenig zu merken wie von einem „Buch der Freunde".[17] In der Antike gab es keine „Bücher mehrerer" wie unsere Zeitschriften oder Festschriften. Die Quellen, die Sueton nennt, sind – außer Zufälligem wie Properz, Augustus und dem „Testament" – Sekundärquellen: der Ältere Seneca und das Buch des Asconius Pedianus contra obtrectatores Vergilii. Beide arbeiten weitgehend mit „mündlicher", schriftlich nicht dokumentierter Überlieferung. So bleiben als Primärquellen: (1) die philologische Vergildeutung, die wir nachprüfen und ggfs. nachvollziehen können; (2) die allegorisch-biographische Textauslegung, der Sueton ganz naiv huldigt (§ 9 und 14); (3) die Verteidigungsanekdote, auf die zuerst Hardie aufmerksam gemacht hat *(laudes Galli,* letzte Reise, Verbrennungstestament).[18]

---

[15] Vergil-Viten (s. oben Anm. 2), S. 214 ff.
[16] W. Suerbaum: Von der Vita Vergiliana über die Accessus Vergiliani zum Zauberer Virgilius, Probleme, Perspektiven, Analysen, ANRW 31.2, 1981, S. 1157 ff., 1163 ff.
[17] Verf.: Gab es eine römische Dichter-Biographie?, Sileno 2, 1976, 35–50, bes. S. 42–49. – Auch Paratore glaubt nicht an eine Vergilvita des Varius oder an ein „Buch der Freunde".
[18] Verf.: Was wissen wir von Vergils Leben?, AU 24.5, 1981, 5–16; ders.: Die Vergil-Legende, Mnemosyne 35, 1982, 148–153.

2. Für den Charakter Vergils:
Keine der vier Nachrichten, die mancherorts das Charakterbild des „himmelreinen und schönen Vergil" (Goethe) verunstalten, steht in der Suetonvita. Sueton hat sie entweder noch nicht gekannt oder – aus seiner besseren Kenntnis – als unwahr verworfen.

2.1 *Vergil war kein religiöser Heuchler,*[19] der Jupiter als Beweger der Welt feierte, nur um dem frommen Augustus zu gefallen, der aber in Wahrheit, als Schüler des Epikureers Siro, sich über den *opificem aedificatoremque deum* und über die *anus fatidica Stoicorum Pronoea* als über *portenta et miracula non disserentium philosophorum sed somniantium* lustig machte (Cic. De nat. deor. 1, 18).

2.2 *Vergil war kein Ehebrecher,*[20] der durch die Peinlichkeiten seines Ehebruchs (*tu post carecta latebas*: vgl. Horaz serm. 1, 2, 38–44; 61–98; 2, 7, 54–70) sein großes Werk, die Tragödie Thyestes, an den betrogenen Ehegatten und Freund Varius verlor.

2.3 *Vergil war kein serviler Charakter,*[21] der „dank dem rüden Eingriff des Augustus"[22] die *laudes Galli* – aus den Georgica, sonderbarerweise nicht auch aus den Bucolica – tilgte und trotz dieser Demütigung den „Henker Augustus"[22] als Sinn und Ziel der römischen Geschichte verherrlichte.

2.4 *Vergil war kein schäbiger Betrüger,*[23] der von Augustus Millionen für die Aeneis annahm (so Probus),[24] um am Ende den Geber durch sein Verbrennungstestament um das verheißene Werk zu prellen.

Von all diesen Anschuldigungen steht in der Suetonvita nichts. Sollte man nicht allmählich anfangen, das zu respektieren?

---

[19] Serv. zu Ecl. 6, 13; Aen. 1, 364; 6, 697. – Dafür: K. Büchner: P. Vergilius Maro, Der Dichter der Römer, RE-Sonderdruck, Stuttgart 1955, 22–24, 53–54. – Dagegen: Antonie Wlosok: Vergil als Theologe, Gymnasium 90, 1983, 187–202; L. Alfonsi: L'epicureismo nella storia spirituale di Virgilio, Epicurea, Genua 1959, S. 177; Verf.: War Vergil Epikureer?, Sileno 1, 1975, 245–257; ders.: Ist Vergil der Verfasser von Cat. V und VIII?, RhM 121, 1978, 78–93, bes. Anm. 1.

[20] Donat praef. Buc. 49; Serv. zu Ecl. 3, 20. – Dagegen: W. Suerbaum: Vergil als Ehebrecher – L. Varius Rufus als Plagiator, in: Festschrift für R. Muth, Innsbruck 1983 = Innsbr. Beiträge zur Kulturwiss. 22, 507–529.

[21] Serv. zu Ecl. 10, 1; zu Geo 4, 1. – Dafür: K. Büchner, RE-Sonderdruck 293–296; Th. Berres: Die Entstehung der Aeneis, Hermes Einzelschriften 45, 1982, 110–128. – Dagegen: E. Norden: Orpheus und Eurydice (1930), Kl. Schriften 1966, S. 479 ff.; W. B. Anderson: Gallus and the 4. Georg., ClQu 27, 1933, 36–45; G. E. Duckworth: Vs. Georgics and the laudes Galli, AJPh 80, 1959, 225–237; F. Klingner: Virgils Georgica, Zürich 1963, S. 207 ff.; ders.: Virgil, Zürich 1967, S. 328 ff.; J. Hermes: C. Cornelius Gallus und Vergil. Das Problem der Umarbeitung des 4. Buches der Georgica, Diss.phil. Münster (1977) 1980; E. Kraggerud: Die Proteusgestalt des 4. Georgica-Buches, Würzb. Jb. NF 8, 1982, 25–46; – Lösung des Problems als Verteidigungs-Anekdote gegen zwei unverbundene *quaestiones* der *obtrectatores*: (1) Was hat ein Aristaeus-Epyll in einem Lehrgedicht, (2) Was hat Orpheus in einem Aristaeus-Epyll zu suchen? Verf., Sileno 4, 1978, 7–21.

[22] 13 Beiträge zum Bimillennarium Vergilianum, Gymnasium 90, 1983, S. 65, 7 und 70.

[23] Plin.n.h. 37, 114; Sulpicius Carthaginiensis (bei Donat § 38), Servius-Vita; Probus-Vita. – Dafür: Büchner, RE-Sonderdruck 40 f. – Dagegen: Verf.: Was wissen wir von Vergils Leben?, AU 24.5, 1981, S. 13 f.; ders.: Die Vergil-Legende, Mnemosyne 35, 1982, S. 149 ff.

[24] *Aeneida ingressus bello Cantabrico ... ab Augusto usque ad sestertium centiens honestatus est.* So Probus, der nach Büchner (RE Sonderdruck 9,57) „ernstzunehmen ist", denn „mit Probus und Servius erhalten wir vorsuetonische Überlieferung" (RE-Sonderdruck 10,38). – Anders W. Suerbaum, ANRW 31.2, 1981, S. 1186 ff.

Friedrich Maier

Die Aeneis in Hermann Brochs „Der Tod des Vergil"

Ein rezeptionsgeschichtlicher Exkurs im lateinischen Lektüreunterricht

Aus den Werken der römischen Antike ragt die Aeneis heraus; das „Nationalepos" der Römer erzielt wohl die nachhaltigste Wirkung bei den Lesern, in einem doppelten Sinne: Einmal macht sie auf den, der das Werk nur passiv aufnimmt, offensichtlich einen starken Eindruck, so daß man sie zu den lesenswertesten Büchern der Weltliteratur zählt,[1] zum anderen regt sie Menschen stets neu zur schöpferischen Auseinandersetzung an, so daß in den verschiedenen Formen von Kunst und Literatur ‚Aeneis-Produktionen' zustande kommen. Insofern zählt die Aeneis überhaupt zu den rezeptionsträchtigsten Werken der Antike; sie veranlaßt ständig im Ganzen wie im Detail Rezeptionen unterschiedlichster Art.[2] Eines der bedeutendsten Dokumente solcher Rezeption stellt Hermann Brochs Roman „Der Tod des Vergil" dar, in dem die Aeneis und ihr Verständnis im Zentrum stehen.

Wenn es wahr ist, daß „das Überdauern ... zum Maß der Größe" eines Werkes wird,[3] wenn sich dieses Überdauern nicht nur in der Tradition des Werkes selbst, sondern in allen Formen des produktiven Umgangs mit ihm bekundet, so ist es eine verpflichtende Aufgabe für den Literaturwissenschaftler nicht weniger als für den Literaturdidaktiker, in das Studium des Originalwerkes und in seine Vermittlung auch die Formen seiner Rezeption miteinzubeziehen.[4] Nachfolgend sei deshalb versucht, in knappen Strichen Brochs Vergil-Roman in seiner literaturdidaktischen Bedeutung zu würdigen.[5]

---

[1] Vgl. etwa: Die ZEIT-Bibliothek der 100 Bücher (hrsg. von F.-J. Raddatz), Suhrkamp TB 645.
[2] Siehe dazu vor allem W. Suerbaum: Vergils Aeneis. Beiträge zu ihrer Rezeption in Geschichte und Gegenwart, Bamberg 1981 = Auxilia 3.
[3] So U. Hölscher: Die Chance des Unbehagens, Göttingen 1965, S. 84.
[4] Genauer dazu Verfasser: Lateinunterricht zwischen Tradition und Fortschritt, Bd. 2, Bamberg 1984, S. 254 ff. – Literaturwissenschaftliche Auseinandersetzung mit dem Thema liegt vor bei Ch.-M. Ternes: Le dialogue entre le prince et le poète dans ‚Der Tod des Vergil' de Hermann Broch, in: R. Chevallier (Hrsg.): Présence de Virgile. Actes du Colloque 1976, Paris 1978, 457–468; Th. Ziolkowski: Broch's image of Vergil and its context, Modern Austrian Literature 13/14, 1980, 1–30; Th. Koebner: Vergil als Leitfigur? Zu Hermann Brochs ‚Der Tod des Vergil', Würzb. Jb. NF 8, 1982, 161–170. – Eine ausführlichere didaktische Behandlung dieses Stoffes liegt meines Wissens noch nicht vor. Stichwortartige Hinweise bei K. H. Eller: Antikenrezeption, Nachwirkung, Literaturvergleich, in: W. Höhn/N. Zink (Hrsg.): Handbuch für den Lateinunterricht. Sekundarstufe II, Frankfurt/Berlin/München 1979, S. 278. Ein kurzer Vorschlag zur Einbeziehung des Romans in den Unterricht ist gemacht im Anhang bei G. Eller: Vergil Aeneis. Sunt lacrimae rerum. Modelle für den altsprachlichen Unterricht – Latein, Frankfurt/Berlin/München 1982, S. 113 ff. (Einige Literaturhinweise verdanke ich W. Suerbaum.)
[5] Der hier vorgelegte Versuch wurde in einem fachdidaktischen Seminar 1983 unternommen; dazu lieferte Herr stud. phil. Alexander Geist wertvolle Vorarbeiten, die z.T. hier mit aufgenommen wurden. Im Unterricht der 11. Jahrgangsstufe wurde der Vorschlag bereits erprobt.

1. Hermann Broch als Mensch und Literat

1886 als Sohn eines jüdischen Textilfabrikanten in Wien geboren, zur Übernahme des väterlichen Betriebs bestimmt und ausgebildet, bricht Broch plötzlich (1916) aus den vorgeschriebenen Bahnen aus. Er verkauft die Fabrik, studiert ab 1925 an der Universität Wien Mathematik, Psychologie und Philosophie, beendet dieses Studium zwei Jahre später und beginnt, schon über vierzig Jahre alt, seine schriftstellerische Tätigkeit, wofür sein ab 1918 gepflegter Verkehr in Wiener Literaturkreisen die Grundlage gelegt haben mag. Nach der Annexion Österreichs durch die Nationalsozialisten 1938 erleidet Broch, weil Jude, das Schicksal des Verfolgten und Vertriebenen: Er wird von der Gestapo verhaftet, nach längerer Zeit aus der Haft entlassen; es gelingt ihm die Flucht nach England, dann nach Amerika, wo er ab 1939 in Princeton zunächst im Hause von Albert Einstein, dann Erich Kahlers lebt und, teilweise von amerikanischen Stiftungen unterstützt, sich dem Studium der Politik und der Psychologie der Masse widmet. Nach dem Krieg arbeitet er über Friedensforschung und Demokratie, ehe er 1948 nach New Haven übersiedelt, wo er sich mit Literatur und Literaturtheorie schwerpunktmäßig bis zu seinem Tod am 30. Mai 1951 beschäftigt.

In Brochs persönlichem Werdegang deuten sich zugleich Züge an, die seine Einstellung zur Literatur prägen. Er, der die Politik am eigenen Leibe erfährt, der sich theoretisch in sie vertieft, kann diese Realität nicht von dem abtrennen, dem seine Leidenschaft gilt: von seinem literarischen Schaffen. Literatur ist für ihn das geeignete Mittel der Aufklärung, also dafür, dem Leser „seine Verantwortung in der Zeit und gegenüber dem Zeitgeschehen ... zu zeigen".[6] Dichtung erhält demnach bei ihm nicht allein eine ästhetische Funktion, er versteht sie zu allererst als ethische und politische Aufgabe. Voraussetzung für das Schaffen einer solchermaßen wirkungsvollen Literatur ist, daß sich der Literat zur Höhe des philosophischen und wissenschaftlichen Erkenntnisstandes der Zeit hinaufarbeitet. Die Wissenschaft an sich hält Broch freilich nicht für geeignet, unmittelbaren Einfluß auf das politische Geschehen zu nehmen; die Literatur bietet den direkteren Weg. Er schreibt selbst in einem Brief, in dem er aus späterer Sicht seine Zuwendung zur schriftstellerischen Tätigkeit begründet: „Das Europa von 1928 stand unter einer politischen Hochspannung (...). Wer gehört werden wollte, mußte sich kürzere und direktere Wege wählen als jene, welche durch die Philosophie gegeben waren. Ethische Wirkung ist zum großen Teil in aufklärender Tätigkeit zu suchen, und für eine solche ist das Dichtwerk ein weitaus besseres Mittel als die Wissenschaft."[7]

Literatur, die auf diesem Wege zu neuen Erkenntnissen über den Menschen und seine Gemeinschaft vordringen will, bedarf, um jene gesuchte Kombination von dichterischer

---

[6] So H. Steinecke, in: Ein Autor, der gelesen werden sollte: Hermann Broch (Auswahl und Einleitung von H. Steinecke). Suhrkamp Literatur-Zeitung Nr. 6/2. Programm, Frankfurt/Zürich/Wien, Februar 1976, S. 1.
[7] Zitiert bei Steinecke, S. 2; der Brief ist ohne Quellenangabe zitiert.

Aussage, wissenschaftlicher Analyse und philosophischer Reflexion entsprechend zur Geltung zu bringen, einer weiteren Voraussetzung: der angemessenen Kunstform. „Neue Erkenntnis kann nur durch neue Form geschöpft werden."[8] So gewinnt Broch eine – an James Joyce erinnernde – hochstilisierte, schwer zugängliche Sprache, die das Lesen seiner Werke zu einem mühsamen Vergnügen macht. Darin liegt die Paradoxie seiner literarischen Existenz: Indem er – zumal im Roman „Der Tod des Vergil" – an jede Kunst, die nur der Schönheit dienen will, eine Absage erteilt, bedient er sich dazu einer Form, die seine Schöpfungen gerade als ästhetische Kunstwerke bedeutsam macht.

Die Konfrontation mit dem deutschen Faschismus zwingt ihn zwar, seinen Glauben an die Möglichkeiten der literarischen Wirkung einzuschränken, doch gibt er bis zum Lebensende nie auf, das Ziel der ethisch-politischen Einflußnahme auf die Menschen (Bemühen um Frieden, Warnung vor totalitären Systemen) auch literarisch zu verfolgen.

2. Der Roman „Der Tod des Vergil"

Der im Exil entstandene Roman „Der Tod des Vergil" erschien 1945.[9] Seinen Aussagekern bilden historische Fakten und legendenhafte Überlieferung: Vergils Rückkehr aus Griechenland und sein Tod in Brundisium sowie seine vorher bekundete Absicht, die unvollendete Aeneis zu verbrennen.[10] Der Roman beschreibt die letzten 18 Stunden des sterbenden Vergil; die erzählerische Haupttechnik ist der innere Monolog, der zum Teil mit Dialogen gekoppelt ist. Es geht um das Phänomen Dichtung, das am Fall der Aeneis als einem dafür geeigneten Kunstwerk bewertet wird. In der Nähe des Todes muß sich der Dichter – bezüglich seiner nicht zu Ende geführten Lebensaufgabe – zwischen den Alternativen ‚schön' und ‚nützlich' entscheiden. Das Thema entwickelt sich in vier Kapiteln: „Die Überschriften der vier ungleich langen Kapitel deuten auf einen Kreislauf durch die vier Elemente der antiken Philosophie, der einen Kreislauf des Sterbenden durch sein vergangenes Leben bis zum Ursprung spiegelt."[11] Im folgenden ist der Inhalt der einzelnen Kapitel jeweils kurz zusammengefaßt:[11a]

---

[8] So Broch selbst im Jahre 1936, zitiert bei Steinecke, S. 5.
[9] Am ehesten zugänglich in Suhrkamp TB 296: Hermann Broch. Kommentierte Werkausgabe (hrsg. von P. M. Lützeler), Bd. 4. In den ebenfalls von P. M. Lützeler herausgegebenen „Materialien zu Hermann Broch ‚Der Tod des Vergil'", Frankfurt a. M. = Suhrkamp TB 317, sind auch die vier Vorfassungen des Romans abgedruckt.
[10] Die antiken Quellen sind etwa Suetons Vergil-Vita, § 35, 39–41, die Vergil-Vita des Servius, Plinius, Nat.hist. VII 114, die Vergil-Vita des Probus; diese Texte sind am ehesten zugänglich bei K. Bayer: Vergil-Viten, in: Vergil: Landleben (Bucolica, Georgica, Catalepton), lat. und deutsch hrsg. von J. und Maria Götte, München Neuausg. 1970 (Tusc.), S. 211 ff.
[11] So Th. Koebner: Kindlers Literatur-Lexikon in dtv, Bd. 21, 1974, 9418 s.v. „Der Tod des Vergil". – Die vier Kapitel haben eine zwar nicht vollkommene, aber doch grundsätzliche, von Broch wohl auch so gewollte Entsprechung in der Aeneis. 1. Kap. ~ Aen. I (–III); 2. Kap. ~ Aen. VI (IV, V); 3. Kap. ~ Aen. VII–XI; 4. Kap. ~ Aen. XII.
[11a] In der nachfolgenden Inhaltsangabe der vier Kapitel sind, um die Gedankenentwicklung faßbarer und zugleich verständlicher zu machen, Zitate aus dem Roman selbst (nicht gekennzeichnet), von Th. Koebner (s. Anm. 11, jeweils mit Koe. gekennzeichnet) und von Brochs Selbstkommentar von 1939 (kommentierte Werkausgabe, S. 457 ff.; s. Anm. 9, mit Bro. gekennzeichnet) aufgenommen.

(1) „Wasser – Die Ankunft"

Die Flotte des Augustus kehrt (im Jahre 19 v. Chr.) aus dem Osten des Reiches zurück und landet in Brundisium. Auf einem der Schiffe liegt todkrank Vergil. Er fragt sich, warum er dem Drängen des Augustus nachgegeben habe und nach Italien zurückgekehrt sei, womit seine Hoffnung geschwunden sei, im Stammland des Epos, Griechenland, die Aeneis fertigzustellen und danach „ein kunstabgewandtes, dichtungsfreies Leben der Philosophie und der Wissenschaft in der Stadt Platons" zu führen. Er erkennt sich als vom Schicksal getrieben – ein deutlicher Hinweis auf die Aeneis, die mit diesem Ausdruck beginnt. Die Flotte landet und Vergil muß sich durch die am Hafen wartende Menge, „das dumpf brütende Massentier", mit seiner Sänfte durchkämpfen. Ein Knabe gesellt sich zu ihm, er dient als Führer. Man nimmt den Weg durch eine Elendsgasse mit heulenden Weibern. „Der Weg durch proletarische Massen und Großstadtelend entzaubert jäh die vornehme Isolierung des Dichters, in der er seine Reinheit kultiviert hat" (Koe.). Endlich gelangen sie ans Ende der Gasse, schaffen auch den Weg durch die Menschenmassen auf dem Platz vor dem kaiserlichen Palast, und Vergil erreicht die Zuflucht des ruhigen Gastzimmers, das für ihn bereitsteht.

(2) „Feuer – Der Abstieg"

Fieberphantasien und die Reflexion und Kritik seines Lebens, die seit seiner Ankunft in Brundisium einsetzten, zwingen Vergil zu einer Höllenwanderung in der Nachfolge von Orpheus und Aeneas. Er steigt zum Erkenntnisgrund des Todes hinab, um das Leben zu erkennen. Todeserkenntnis erkennt er als Wesensaufgabe der Dichtung – und den Tod als Mittelpunkt der Aeneis. Als er vom Fenster aus drei Betrunkene betrachtet, deren Streit fast mit einem Mord endet, und er dabei hilflos zusehen muß, und als er sich dann in die Schönheit des nächtlichen Ausblicks über Stadt und Landschaft flüchten will, da schließlich erkennt er den wahren Charakter von Schönheit, mit der er geglaubt hatte, auch den Tod zu überwinden und Unsterblichkeit zu erlangen: Schönheit als „bloßes Sinnbild der Todesaufhebung", als „Spiel", „als Grausamkeit, als die wachsende Grausamkeit des ungezügelten Spiels". Er erkennt die Falschheit seines nur auf das Schöne, nicht auf Erkenntnis gerichteten Dichtertums, erkennt, daß er nur scheinbar gelebt hatte, weil er immer nur an der Oberfläche geblieben war. Vergil glaubt, als entsühnendes Opfer die Aeneis verbrennen zu müssen. Das wahre Wesen von Dichtung enthüllt sich ihm als ethische Unterscheidung von Gut und Böse, nur darin sei wahre Liebe; und Liebe wiederum verwirkliche sich nur in der Tat. Die „dienend hilfreiche Tat" wird das Schicksal überwinden – und Vergil erkennt auch, daß ein „gottgezeugter Heros menschlicher Gestalt" kommen wird als eigentlicher „Heilbringer". Hier bricht das Verständnis von Vergil als „Vorahner des Christentums" (Bro.) durch. Mit dem Erkennen der Liebe gewinnt Vergil einen traumlos ruhigen Schlaf.

(3) „Erde – Die Erwartung"

Nach einem kurzen Schlaf erhält Vergil am nächsten Tag Besuch von seinen Freunden, denen er aber genausowenig wie dem behandelnden Hofarzt seinen Entschluß begreiflich machen kann, die Aeneis zu verbrennen. „Der Opferwille der Nacht ist als rigorose Einstellung geblieben, die besondere Deutung aber verblaßt" (Koe.).

Da kommt Caesar Augustus, von Vergils Freunden wegen des Dichters Vernichtungsplan alarmiert, und in diesem zentralen Gespräch wird der unüberbrückbare Gegensatz zwischen der religiösen und der politischen Persönlichkeit deutlich. Während Vergil verzweifelt versucht, seinem Freund klarzumachen, daß die Aeneis ohne Erkenntnis sei und daß es zur Erkenntnis der Dichtung gar nicht bedarf, weil ja in der liebenden Tat wahre Erkenntnis liege, daß vielmehr in der neuen Ordnung des Augustus (als Form der liebenden Tat) Dichtung und Schönheit überflüssig seien, widerspricht Augustus, der in der Kunst eine notwendige Versinnbildlichung der neuen Ordnung sieht.

Der Dialog wird durch zahlreiche Mißverständnisse erschwert; doch schließlich erkennt Vergil, daß sein Werk eine Tat der Liebe sei, das den Menschen als Wegweiser durch die Zeit dienen könne; er gibt den Plan der Vernichtung auf und überläßt das Werk dem Augustus.

In einem letzten Gespräch mit seinen Freunden, denen er sein Testament diktiert, erkennt Vergil in Wachträumen in der Stunde seines Todes das Ziel, das ihm letzte Hilfe für sein Leben bringt: die Stimme des Vaters – Vergil wieder als Vorausahner des Christentums. Schließlich läßt er auch noch das Letzte, was sich in ihm noch sträubt, fallen, den Haß auf das Irdische, das Unvollkommene. Sein Werk sei eine Hilfe für die Mitmenschen, trotz aller Unvollkommenheiten.

Während dieser Gespräche fließen Erinnerungen, Gegenwärtiges und Zukünftiges in Vergils Bewußtsein ineinander. Er halluziniert ein arkadisches Paradies, in dem er der einstigen Geliebten Plotia begegnet; ein nur Vergil sichtbarer Knabe mit Namen Lysanias (d. i. ‚der Leidenslösende') huscht als ‚Jugendbildnis' des Dichters durch den Raum; christlicher Mahner ist ein Sklave, dessen Worte auch wieder nur Vergil versteht.

(4) „Äther – Die Heimkehr"

„In einer letzten Phantasie (...) schlummert der Dichter, nicht mehr Dichter, sondern nur noch sterbender Mensch, in den Tod hinüber" (Bro.). Schon im vorherigen Kapitel begann Vergil in seiner Vorstellung den Weg in umgekehrter Richtung zu durchmessen, den man ihn gebracht hatte. Im letzten Abschnitt stößt er in einem Boot vom Ufer ab „und läßt bei seiner Fahrt übers ‚unendliche Meer' alles Menschliche zurück. Der Knabe Lysanias, anfangs Lenkerfigur wie der mythische Hermes, scheint mit Plotia zu verschmelzen, mit ihr wiederum Vergil. Die Rückkehr setzt sich in einer umgekehrten Genesis fort: Tag für Tag der Schöpfungswoche wird aufgehoben, ein beobachtendes Auge bleibt irgendwie bewahrt, während ‚er' sich ins Tierische, Pflanzliche verwandelt, Stein wird, flüssiges Licht, Kristall, dunkle Strahlung. Am Ziel dieser Erweiterung des Ichs in den Kosmos erfolgt ... ein Umschlag" (Koe.): Er, sein Bewußtsein, darf sich umwenden, und in dieser Umwendung erkennt er nochmals den Sinn alles Seienden, aller Schöpfung im Bild der lächelnden Mutter mit dem Kinde. „Ein Brausen erfaßt Vergil, in dem nach alttestamentarischem Vorbild das Wort Gottes zu hören sei – wenn auch nicht für den Leser, da dies bereits ‚jenseits der Sprache' geschieht" (Koe.).

3. Broch und Vergil

Es ist unschwer erkennbar, daß sich in Brochs Vergil-Roman das persönliche Schicksal des Autors und der dieses bedingenden Zeitumstände spiegeln. Beide leben in einer Umbruchszeit.[12] Broch fühlt sich wie Vergil, den er im 1. Kapitel als vom Schicksal getrieben kennzeichnet, gleichsam als *fato profugus*. Auch er will sich und seine Zeit mit der Kraft seiner Kunst in einen besseren Zustand versetzen; er will die Welt, in der er lebt, durch Dichtung transzendieren. Indem Broch sich mit Vergil in Beziehung setzt, läßt er Gemeinsamkeiten und Unterschiede markant hervortreten.

---

[12] Diese Parallelität deutet Broch selbst zur dritten Fassung seines Romans an (s. Anm. 9: Kommentierte Werkausgabe, S. 457): „Nach einer jahrzehntelangen blutigen Zerrissenheit, welche *mancherlei Analogien* zu den *Geschehnissen unserer Zeit aufweist* (Hervorhebung durch den Verf.), hat Augustus die abendländische Zivilisationssphäre wieder befriedet und zu neuer Prosperität geführt."

3.1 Literatur und politische Krise

Das Abgleiten des Menschen ins Gewalttätige, die Vermassung der anonymen Großstadtkultur sieht Broch als Gründe für die krisenhafte Entwicklung in seiner Zeit wie auch im 1. Jahrhundert v. Chr. an; diese wirkt sich, wie er selbst sagt, aus als „Bürgerkrieg, Diktatur und ein Absterben der alten religiösen Formen"[13]. Was Literatur gegen solche Dekadenz zu leisten vermag, steht im Mittelpunkt des Gesprächs zwischen Vergil und Augustus über den Wert der Aeneis. Hier wird auch der Unterschied faßbar: Während Vergil im Princeps und seiner ‚neuen' Staatsform einen Weg zu neuem Heil sieht, in dessen Dienst er letztlich auch sein Hauptwerk stellen kann, bleibt Broch eine solche politische Figur versagt, zu deren Verherrlichung er seine Literatur schaffen könnte; er muß den Alleinherrscher ablehnen und in einer anderen Staatsform die Verwirklichung von Frieden und Freiheit gewährleistet sehen.

3.2 Literatur und Religiosität

Wie Vergils Epos, so zeugt auch Brochs Roman von tiefer Religiosität. In der Aeneis ist alles gelenkt und bestimmt von den Göttern und dem allmächtigen Fatum, so daß daraus Zuversicht für Sinn und Dauer der römischen Herrschaft erwächst. Was im Roman „Der Tod des Vergil" gesprochen und kommentiert wird, ist immer nur von einem metaphysischen Hintergrund her verständlich.[14] Die Gottheit, die in die Geschichte der Menschen hineinwirkt, ist mehrmals apostrophiert. Nur ist dieser Gott kein römischer mehr, er ist der christliche Gott der Liebe, den vorausgeahnt zu haben Broch – wohl nicht unbeeinflußt von Theodor Haecker[15] – seinem römischen Dichterkollegen zugesteht. „Als der umfassendste Geist seiner Zeit ahnte er auch das Aufkommen des Neuen und war tatsächlich das, als was ihn das Mittelalter genommen hat, nämlich der Vorahner des Christentums."[16]

3.3 Literatur und Todeserkenntnis

Aeneas erkennt in der Unterwelt erneut und von einer anderen Seite her den Sinn seiner Bestimmung: nach rückwärts gewendet, daß er seine Schuld an Didos Tod, der für ihn den Verlust des persönlichen Glücks bedeutet, der höheren Aufgabe wegen zu ertragen hat, nach vorwärts gewendet, daß das Ziel der Romgründung den vollen Einsatz seiner Person bis an die Grenze seiner Existenz fordert. Die Konfrontation mit der Totenwelt

---

[13] So Broch in einem Brief an Hermann Weigand vom 12. 2. 1946, in: Materialien (s. Anm. 9), S. 234.
[14] Broch spricht (s. Anm. 9: Kommentierte Werkausgabe, S. 458) von den dem Menschen „urtümlich eingebauten metaphysischen und religiösen Strebungen", die mit den „unbewußtesten, ja, vegetativsten Wurzeln des Menschen" verbunden sind.
[15] Broch verweist, was den Ausgangspunkt seines Werkes anbelangt, ausdrücklich in Briefen auf Haeckers Vergilstudie; s. Anm. 9: Materialien, S. 226.
[16] So Broch zur dritten Fassung des Romans (s. Anm. 9: Kommentierte Werkausgabe, S. 457).

gestaltet Vergil letztlich als Vordringen des Helden zum Erkenntnisgrund seines Daseins. Brochs Roman stößt gleichfalls und noch weiter in diese Tiefe vor, ohne allerdings den fiktiven Schritt über die Grenze zwischen Leben und Tod zu wagen.[17] „Die Todesbedrohung durch das Nazitum" brachte ihn in einen Zustand, der ihn „zwingender und zwingender zur Todesvorbereitung ... nötigte", – und zu einer solchen habe sich die Arbeit an der ‚Aeneis' entwickelt.[18] In einem Selbstkommentar schreibt Broch 1945: „Nur wenige Werke der Weltliteratur haben es gewagt, sich – wohlgemerkt mit rein dichterischen Mitteln – so nahe an das Todesphänomen heranzupirschen, wie es dieses tut."[19] Während sich allerdings Brochs Roman als ein „privater Akt" der Seinsbewältigung und Todeserkenntnis versteht, von dem gewiß ethisch-politische Wirkungen auf den Leser ausgehen, ist die Aeneis – abgelöst vom privaten Schicksal des Autors – in ihrem Kern der Grundlegung römischen Lebens und römischer Herrschaft verpflichtet. Bei Broch herrscht das Todesthema vor, um das sich nicht die Wissenschaft, sondern allein die Kunst angemessen bemüht, da nur sie der „todesträchtigen Zeit", dem „Weltgrauen" ein sinnstiftendes Pendant entgegenstellen kann.[20] Vergils Hauptthema dagegen ist die Romidee, der alles andere, auch die Todeserkenntnis, sinnvoll zugeordnet ist.[21]

Wozu soll Brochs Vergil-Roman im Lateinunterricht gut sein? Läßt sich dieses voluminöse, schwer lesbare Buch überhaupt wirksam in die Aeneis-Lektüre einbeziehen? Sicherlich ist nicht zu erwarten, daß der Roman von den Schülern gelesen wird. Am ehesten läßt er sich als Referat oder als Hörbild in den Unterricht einbringen.[22] Daß er, so vorgeführt, auch schon in der Jahrgangsstufe 11 seine Wirkung nicht verfehlt, hat die Praxis erwiesen. In der Oberstufe erscheint es geboten, dem römischen Werk auch von diesem Dokument

---

[17] „Bei Broch entspricht der Katabasis (in der Aeneis, Erg. durch den Verf.) ein Hinabsteigen in die Tiefe und in die angstgeladene Bilder- und Problemwelt der eigenen Seele." So Eller (s. Anm. 4), S. 278.
[18] So in Brochs Brief an Hermann Weigand (abgedr. in den Materialien, S. 238 ff., s. Anm. 9). An anderer Stelle wird dies noch faßbarer (s. Anm. 9: Kommentierte Werkausgabe, S. 464): „Der Tod war uns, die wir noch ungewissermaßen am Rande des Konzentrationslagers lebten, plötzlich so nahegerückt, daß die metaphysische Auseinandersetzung mit ihm schlechterdings nicht mehr aufschiebbar war. Und so begann ich 1937, beinahe gegen meinen eigenen Willen, ... mit einem strikt esoterischen Buche, dem Vergil."
[19] Bemerkungen zum Tod des Vergil, Kommentierte Werkausgabe, S. 473.
[20] So Broch in einem Brief an Friedrich Torberg vom 10. 4. 1943, in: Ein Autor, der gelesen werden sollte (s. Anm. 6).
[21] Inwieweit das Todesthema in der von Broch akzentuierten Richtung bei Vergil selbst eine Rolle spielt, ist eine wissenschaftliche Frage. Wenn Brochs These, das Ziel der Aeneis sei „Die Erkenntnis des Todes", „wahr sein sollte, so haben wir Philologen sie noch nicht entdeckt oder sie jedenfalls – trotz mancher Hinweise auf die Sympathie Vergils für das Schwache, das Gefährdete, das Unterliegende, das Sterbende – nicht in die Mitte der Interpretation gerückt". So W. Suerbaum: Gedanken zur modernen Aeneis-Forschung, AU 24.5, 1981, S. 81.
[22] Ein Hörbild, das die Schwerpunkte der vier Kapitel des Romans konzentriert herausarbeitet, wurde von A. Geist (s. Anm. 5) verfaßt und zusammen mit anderen Studenten auf ein Tonband gesprochen. Die Textgrundlage dieses Hörspiels kann vom Verfasser bezogen werden.
G. Eller (Vergil Aeneis, s. Anm. 4) schlägt die Lektüre von vier charakteristischen Stellen aus den vier Büchern des Romans vor, so daß mit Hilfe von Leitfragen ein Vergleich zwischen Vergil und Broch angebahnt wird.

seiner Rezeption her Profil zu geben. Die Umbruchszeit, in der Broch lebte, ist noch nicht zu Ende; die Fragen, die ihn beschäftigten, sind heute genauso aktuell; sie gründen in der „Omnipraesenz existentieller Erfahrungen"[23]: die Fragen nach Leben und Tod, Frieden und Krieg, nach dem Sinn des Daseins, nach Gott und nach Religiosität.[24] Und deshalb erkennen auch wir in dem, worin der moderne Dichter sich mit dem antiken affin sieht, unsere eigenen Probleme. Dadurch, daß wir uns mit Brochs Antworten beschäftigen und sie zu verstehen versuchen, erhalten wir nicht nur Antwortmöglichkeiten für die existentiellen Fragen unserer Zeit, sondern auch Verstehensversuche solcher Antworten für Vergils Zeit und einen interessanten, unter Umständen ganz neuen Zugang zu Vergils Aeneis. Die Frage zudem, die im Zentrum des Romans abgehandelt wird, nämlich ob die Aeneis vernichtet werden soll oder nicht, führt einen Aspekt vor Augen, der, mag er auch nicht auf historischer Wahrheit beruhen, bei den Schülern höchste Aufmerksamkeit erregt; er veranlaßt sie, dieses Werk, das mittlerweile zur Weltliteratur gehört, noch mehr in seiner Größe zu würdigen.[25]

---

[23] So Th. Koebner: Vergil als Leitfigur?, S. 165. Koebner arbeitet auch heraus, daß hier von Broch „von der überhistorischen Gültigkeit bestimmter, im Mythos ... aufbewahrter Konstellationen" ausgegangen worden sei.

[24] Brochs Hoffnung, zur dritten Fassung des Romans (s. Anm. 9: Kommentierte Werkausgabe, S. 459) ausgesprochen, gilt auch für die heutige Zeit nicht weniger, nämlich, „daß dieses Buch gerade in einer Zeit wie der heutigen, in einer Zeit des Religionsverlustes und der Religionssuche, in einer Zeit der Auflösung aller ethischen Werte und der Suche nach deren Neufundierung, instande sein wird, manchem etwas zu bringen, nämlich einen Ansatz zu dem ethischen Halt, den die Welt heute genauso wie zur Zeit Vergils benötigt."

[25] In einem Unterrichtsprojekt zu Vergils Aeneis, das ich in einer von mir von der 9. bis zur 11. Jahrgangsstufe unterrichteten Klasse durchführte, konfrontierte ich die Schüler auch mit Brochs Vergil-Roman, wobei ich ihnen das o.g. (s. Anm. 22) Hörbild vorspielte. Nach drei Jahren lateinischen Lektüreunterrichts danach befragt, welcher Autor oder wessen Werk auf sie den stärksten Eindruck gemacht habe, nannten nahezu alle Schüler Vergils Aeneis, die ihrer Meinung nach sogar noch vor die Metamorphosen Ovids zu stellen sei. Ein Schüler bemerkte, die überlieferte Absicht Vergils, sein Werk eigentlich zu verbrennen, habe für ihn die Lektüre noch interessanter gemacht.

Ludwig Voit

Caesars Apotheose in der Darstellung Ovids

Der Einstieg in die zentralen Probleme der augusteischen Zeit ist im lateinischen Lektüreunterricht heutzutage erschwert, wo Dichterlektüre nur noch in beschränktem Maße an unseren Schulen möglich ist und vielfach leider gar nicht mehr versucht wird. Aber Ovids „Metamorphosen" liest man wohl an allen Schulen. Daß indes auch Ovid für Caesar und Augustus eine ergiebige Quelle sein kann, liegt nicht ohne weiteres auf der Hand. Deshalb möchte ich das Augenmerk auf die letzte Metamorphose Ovids lenken, Caesars Apotheose (Met. XV 745 ff.), zumal es dafür bei Ovid noch eine ältere zweite Fassung gibt, die wir in Ovids Fasti zum 15. März (Fast. III 697 ff.) lesen. Diese sehr knappe Fassung in den Fasten stehe am Anfang unserer Betrachtung.

1.

Auffällig ist zunächst hier, daß in Ovids Behandlung der für Rom so schwerwiegenden Folgen der *Idus Martiae* der Hinweis auf Caesars Ermordung erst ganz am Schluß fällt, nachdem der Hauptteil dem Fest der Anna Perenna gewidmet ist, einem fröhlichen Fest, bei dem das Volk von Rom *non procul a ripis* des Tibers unter freiem Himmel zeltet und zecht, um abends in froher Laune nach Hause zurückzukehren (523–542). – Da man nun nicht mehr recht wußte, wer denn diese Göttin eigentlich sei (deren Namen die Volksetymologie natürlich mit *annus* und *perennis* zusammenbrachte), erzählt Ovid im folgenden drei Anna-Geschichten: die der Anna als Schwester der Dido-Elissa, die nach mancherlei Fährnissen schließlich im Numicus, einem *amnis perennis* (!), verschwindet (543–656), einer Anna von Bovillae zur Zeit der *secessio plebis* (661–674) und endlich die einer Anna, die als „Hochzeitsbitterin" für Mars diesen zum Schlusse täuscht und zum Gespött macht (675–696).

Erst nach solchen z. T. lockeren Geschichten folgt, sehr im Gegensatz dazu, die Darstellung der Apotheose Caesars (697–710). Eine gespielte praeteritio des Dichters: *praeteriturus eram gladios in principe fixos* verhindern die mahnenden Worte der Vesta *a sacris focis* an Ovid: *ne dubita meminisse* (699). Vesta betont, daß Caesar ihr *sacerdos* gewesen sei,[1] daß also die Waffen der *sacrilegae manus* nicht nur gegen ihren Priester, sondern durch diesen auch gegen sie selber gerichtet gewesen seien: *sacrilegae telis me petiere manus.* Deswegen habe sie eingegriffen: *ipsa virum rapui simulacraque nuda reliqui:/ quae cecidit ferro, Caesaris umbra fuit* (701 f.). Caesar war von Vesta also schon unmittel-

---

[1] Caesar ist *pontifex* seit 74, *pontifex maximus* seit 63 v. Chr. Zu der Verbindung des *pontifex maximus* zum Kult der Vesta vgl. Bömer, Ovids Fasten, Komm. S. 192 zu v. 698.

bar vor seiner tatsächlichen Ermordung in seiner Person (*virum*) in *atria Iovis* (703) entführt worden, zurückblieb nur sein Scheinbild (*simulacra nuda; umbra*), das den Dolchen der Mörder zum Opfer fiel. Diese ihrerseits *morte iacent merita*, weil sie gewagt hatten, sich am *pontificale caput* Caesars zu vergreifen. Denn Caesars Sohn und Erbe, Augustus, hat als erste seiner Herrschertaten den Vater *iusta per arma* bei Philippi gerächt (709 f.). Caesar aber ist nun als Gott bei Jupiter und besitzt am großen Forum einen Tempel (704).

Daß das Motiv des Scheinbildes aus griechischer Quelle entnommen ist, zeigt der Mythos von der „Ägyptischen Helena" (Richard Strauss!), der, auf Stesichoros zurückgehend, bei Platon und Euripides bezeugt ist.[2] Danach wurde Helena auf Heras Veranlassung, von Hermes geleitet, nach Ägypten entführt, so daß nur ihr Scheinbild (εἴδωλον) nach Troja gelangt ist. Wir werden darauf zurückkommen.

Demgegenüber ist nun die spätere Version in den Metamorphosen wesentlich ausführlicher. Die Überführung des Heilgottes Aesculapius von Epidaurus nach Rom ist das Thema der *vor*letzten Verwandlung im Metamorphosenwerk des Ovid. Etwas hart ist dann der Übergang zum letzten Stück, Caesars Apotheose: *Hic* (Aesculapius) *tamen accessit delubris advena nostris:/Caesar in urbe sua deus est* (745 f.). Im Gegensatz zum griechischen Asklepios ist Caesar also ein eingeborener Gott. Freilich ist er es nicht von Anfang an, er wird es erst. Folgen wir der Erzählung Ovids!

Ovid beginnt mit einer echt homerischen Szenerie, die die Erinnerung an die Gestalt der Thetis in der Ilias weckt: Venus als *Aeneae genetrix* klagt in längerer Rede (761 ff.), als sie die Vorbereitungen zum Mord an Caesar, an jenem Haupte, *quod de Dardanio solum mihi restat Iulo* (767), sehen muß, allen Göttern, *ut cuique erat obvia* (764), daß sie allein ständig in Sorge um ihre Nachkommen sein müsse: nicht nur sie selber sei einst von der Waffe des Tydiden Diomedes verwundet worden (Hom. Il. 5, 335 ff.; vgl. Ovid, Met. XIV 477), auch die schlecht verteidigten Mauern Trojas, vor allem aber das Schicksal ihres Sohnes Aeneas habe ihr viel Kummer gemacht: erst seine Irrfahrten und seine Katabasis zu den Toten,[3] dann sein Kampf mit Turnus – *aut, si vera fatemur,/cum Iunone magis* – und nun der geplante Mordanschlag auf ihren Nachkommen Caesar! Die Götter möchten doch dieses *facinus* am *pontifex maximus* und so besonders am Priester der Vesta verhindern.

Alle Götter zeigen ihr Mitgefühl, aber verhindern können sie diese Mordtat nicht, das verstoße gegen die *ferrea decreta veterum sororum,* der Parzen. Nur ihre Mittrauer können sie durch unheildrohende Vorzeichen bezeugen, von denen die folgenden Verse 783–798 eine lange Liste als *signa luctus haud incerta futuri* bringen.[4]

---

[2] Plat.Phaedr. 243c, rep. 586c; Eur.Hel. 31 ff. und passim, z. B. 1218.
[3] *sedesque intrare silentum*, 772. Die *silentes* sind die Toten: vgl. Ov.Met. V 356; XIII 25; so auch u. v. 797.
[4] Vorbild Ovids für diese Prodigienliste ist zweifellos jene, die Vergil Georg. I 466 ff. im Anschluß an die Wetterzeichen eingefügt hat. Bei Vergil sind das unheildrohende Vorzeichen für die Bürgerkriegsjahre *nach* Cae-

Indessen werden die Vorbereitungen zum Mord getroffen (800 ff.). Venus, außer sich, erwägt nun, bzw. macht sich daran (*molitur*), des Aeneas Sproß in einer Wolke zu bergen und so seinen Mördern zu entziehen, so wie sie einst Paris dem Menelaos entrissen (Hom. Il. 3,380) und Aeneas vor dem Schwert des Diomedes (Hom. Il. 5,311) gerettet hat.

Da greift ihr *genitor*, Jupiter, ein (807): ob sie denn allein das *insuperabile fatum*, das Caesar jetzt den Tod bestimmt hat, umstoßen (*movere*) wolle? Sie möge sich doch selber in das Haus der drei Schwestern begeben; da könne sie mit eigenen Augen das Schicksal ihres Geschlechtes lesen, eingemeißelt in ewigdauerndem Stahl (*adamante perenni*). Sie müsse dabei erkennen, daß ihr Caesar eben jetzt seine Zeit erfüllt habe. „Aber", fügt Jupiter tröstend hinzu, „du wirst es schaffen (*tu facies*), *ut deus accedat caelo templisque colatur*". (Die nun folgenden Verse 819–839 stellen wir zunächst noch zurück.) *Wie* aber das geschehen kann, *wie* Venus diese Himmelfahrt Caesars bewirken kann, erfährt diese aus den abschließenden Worten ihres Vaters:

> *Hanc animam interea caeso de corpore raptam*
> *fac iubar, ut semper Capitolia nostra forumque*
> *divus ab excelsa prospectet Iulius aede* (840–842).

Demgemäß betritt Venus *nulli cernenda* die Curie und reißt die eben vom Körper freigewordene Seele Caesars (*recentem animam* 846) an sich, um sie in den Kreis der himmlischen Gestirne zu erheben; aber

> *Dumque tulit, lumen capere et ignescere sensit*
> *emisitque sinu: luna volat altius illa,*
> *flammiferumque trahens spatioso limite crinem*
> *stella micat* (847–850).

Die Verwandlung von Caesars Seele in einen Stern wird also stufenweise im echten Metamorphosenstil geschildert: sie fängt zuerst zu leuchten an, dann zu brennen, so daß Venus sie frei läßt, fliegt daraufhin selbsttätig höher hinaus als der Mond (jenseits dessen erst der göttliche Äther beginnt) und glänzt als Haarstern mit langem Schweif am Himmel.

Daß die Göttin Venus als Stammutter der *gens Iulia* in dieser Weise persönlich „Geburtshelferin" des *sidus Iulium* wurde, ist sonst nirgends überliefert und trägt den Stempel ovidischer Erfindung aus griechischem Geist, genau wie der Bittgang der Göttin und ihre Rede, die diesem persönlichen Eingreifen vorausgehen.

---

sars Tod (*extincto Caesare* 466), zugleich auch Ausdruck der durch diesen Mord gestörten Weltordnung. Merkwürdigerweise ist die Liste bei Vergil die umfangreichste und zeitlich der Tat nächststehende (W. Richter, Verg. Georg., München 1957, S. 177). Sie lag nicht nur Tibull (II 5,71 ff.) vor, der sie gerafft hat, sondern eben auch Ovid. Bei diesem weisen freilich die Zeichen erst auf den Tod des Diktators *voraus*. Es empfiehlt sich, die Listen bei Vergil und Ovid zu vergleichen.

2.

Das *sidus Iulium*, wie wir es nach Hor.c. I 12,46 zu nennen pflegen, ist ansonsten gut bezeugt, nicht nur bei den augusteischen Dichtern Vergil, Horaz, Properz,[5] sondern auch bei Sueton, Plinius d. Ä., Servius in seinen Vergilkommentaren u. a., ja sogar durch Augustus selbst (Augusti operum fragmenta, ed. Malcovati, Turin [5]1959, frg. VI).

Sueton jedenfalls berichtet (Iul. 88), Caesar sei *in numerum deorum relatus* nicht nur durch das Senatus Consultum (*ore decernentium*) vom 1. 1. 42, sondern auch *persuasione vulgi: siquidem ludis, quos primos consecrato ei heres Augustus edebat* (20.–30. Juli 44, *ludi Victoriae Caesaris,* so bei Cic. fam. XI 28,6), *stella crinita … fulsit … creditumque est animam esse Caesaris in caelum recepti*[6]. – Des Princeps eigene Worte zu diesem Vorgang verdanken wir Plin. nat. II 93 f., der im übrigen die Erscheinung ähnlich wie Sueton berichtet; diese authentischen Worte des Augustus lauten: *Ipsis ludorum meorum diebus sidus crinitum per septem dies in regione caeli sub septentrionibus est conspectum. Id oriebatur circa undecimam horam diei clarumque et omnibus e terris conspicuum fuit. Eo sidere significari vulgus credidit Caesaris animam inter deorum immortalium numina receptam, quo nomine id insigne simulacro capitis eius, quod mox in foro consecravimus, adiectum est.* Bemerkenswert ist, daß hier bei Plin/Aug. wie bei Sueton der Glaube, daß der Stern die Seele des vergöttlichten Caesar *sei,* nur als Glaube der Leute (*vulgus*) hingestellt wird; Augustus selbst bezeugt dies weder in seinen eigenen Worten bei Plinius noch in der Darstellung des Sueton. Bei Plinius distanziert sich der Princeps sogar ausdrücklich von diesem Glauben der Leute: *haec in publicum; interiore gaudio* bezieht er die Sternerscheinung auf sich selbst als glückverheißendes *prodigium.*[7]

Erst bei Servius, zu Verg. buc. 9,46 lesen wir: *ille* (Augustus) *eam* (stellam) *esse confirmavit parentis sui*, und so ausführlicher (Serv. auct.) bei einem sonst wenig bekannten Historiker Baebius Macer (wahrscheinlich einer der Korrespondenten des jüngeren Plinius, HRR II 71),[8] der im Gegensatz zu Plinius das Verhältnis geradezu ins Gegenteil verkehrt: *quam* (stellam) *quidam ad inlustrandam gloriam Caesaris iuvenis pertinere existimabant, ipse animam patris sui esse voluit, eique in Capitolio statuam super caput auream stellam habentem posuit: inscriptum in basi fuit: Caesari emitheo.* – Bei Serv. zu Verg.Aen. VIII 681 ist das nicht ganz klar: *quod sidus Caesaris putatum est Augusto persuadente: nam ideo Augustus omnibus statuis, quas divinitati Caesaris statuit, hanc stellam adiecit. Ipse vero Augustus in honorem patris stellam in galea coepit habere depictam.*[9]

---

[5] Vor allem Verg.buc. 9, 46 ff. (*Dionaei Caesaris astrum*); Aen. VIII 680 f. (*patrium … sidus*); Prop. IV 6, 59 f. (*Idalio ab astro*) und eben Hor.c.I 12, 46 (*sidus Iulium*).
[6] Bömer möchte das überlieferte *recepti* in *receptam (animam)* ändern (Bonner Jb. 152, 1952, S. 33).
[7] Auch bei Dio 45,7,1 ist der Glaube der Menge (οἱ πολλοί) ausschlaggebend, dem Augustus nachgibt.
[8] Plinius richtet an ihn den Brief III 5, woraus auf literarische Tätigkeit des Adressaten geschlossen werden kann (bes. § 20).
[9] Weitere Bezeugungen des *sidus Iulium* z. B. bei Germ.Arat. 558 (eine delikate Stelle); Val.Max. I praef.; II 10; III 2, 19; VI 9, 15; (Sen.) Octavia 476 u. a. Vgl. G. (= W.) Gundel, De stellarum appellatione et religione Romana, in RVV III, 1907, S. 132 f.; ferner V. Gardthausen, Augustus II, S. 24, Anm. 26.

Wie verhält sich diese Darstellung Ovids und der Zeugnisse über den Vorgang der Himmelfahrt des Diktators und die Himmelserscheinung zu dem, was wir sonst über römische Vorstellungen von der Divinisierung von Sterblichen wissen?

Sic habeto, sagt der ältere Africanus zu dem jüngeren, *omnibus, qui patriam conservaverint, adiuverint, auxerint, certum esse in caelo definitum locum, ubi beati aevo sempiterno fruantur* (Cic. Somn. Scip., rep. VI 13). Das ist römischer Glaube, daß die großen Männer nach ihrem Tode, wenn sie von Gott abberufen sind, mit ihrer eigenen Person ohne die Mithilfe einer Gottheit leiblich in den Himmel eingehen werden.[10] Aeneas aber und Romulus, als Patres Patriae und Städtegründer verehrt, haben mehr getan als irgendein anderer Toter. Von Aeneas heißt es so in einem römischen Elogium (CIL I² p. 189 nr. 1) ... *oppidum Lavinium condidit et ibi regnavit annos tris. In bello Lauren[tin]o gesto non comparuit* (= ἠφανίσθη) *appellatusque est Indigens pater et in deorum numero relatus* (Bömer, Ahnenkult 66 f.).[11] Ähnlich berichtet von Romulus Cic. rep. 2, 17: ... *tantum est consecutus, ut, cum subito sole obscurato non comparuisset, deorum in numero collocatus putaretur; quam opinionem nemo umquam mortalis assequi potuit sine eximia virtutis gloria* (Bömer, Ahnenkult 70 f.). Bei Livius vergleiche man die Darstellung dieses Ereignisses I 16,1.

In seinem Aufsatz in den Bonner Jb. 152, 1952 faßt F. Bömer die Ergebnisse seiner Untersuchungen über die autochthon-römischen Vorstellungen von der Divinisierung von Sterblichen so zusammen (30 f.): „Die römische Haltung den Göttern und großen Vätern der Vergangenheit gegenüber kennt weder die persönliche Erscheinung der Gottheit noch den Katasterismos", die Verstirnung. Die Himmelszeichen aber seien nur eine Äußerung des Willens der Gottheit, nie aber die Gottheit selbst, das *sidus Iulium* sei also nur ein römisches Symbol, kein Gott im Vorgang eines Katasterismos. Eine besondere Eigenart der römischen Vorstellungen bei der Vergottung eines Menschen sei überdies die Rolle eines *iurator*, der das Geschehen, die Aufnahme des Toten unter die Götter, eidlich beglaubigt. So sei im Falle des Romulus nach Liv. I 16,5–8 ein Iulius Proculus als Zeuge aufgetreten: *Romulus, ... parens urbis huius, ... se mihi obvium dedit.* Späterer Überlieferung zufolge (Ps.Aur.Vict., Origo gentis Rom. 14,4) sei entsprechend auch Aeneas seinem Sohn Ascanius erschienen (Bömer, Ahnenkult 65, Fn. 3), und so habe sich auch „nach der Verbrennung des Augustus auf dem *campus* ein *vir praetorius* gefunden, der bereit war, unter Eid auszusagen, *se effigiem cremati euntem in caelum vidisse*, wie Sueton berichtet" (Suet. Aug. 100,4; Bömer, Ahnenkult 85 f.). All das kenne die griechische Religiosität nicht (Bömer, l.c.72 ff.).

---

[10] Vgl. dazu F. Bömer: Ahnenkult und Ahnenglaube im alten Rom, Leipzig/Berlin 1943; ders., Würzb. Jb. 4, 1949/50, bes. S. 68; Gymnasium 58, 1951, bes. S. 42; Gymnasium 64, 1957, bes. S. 130–133 und endlich seine Abhandlung in den Bonner Jb. 152, 1952, S. 27 ff.

[11] Nach weiterer späterer Überlieferung verschwand Aeneas bei dieser Gelegenheit im Flusse Numicus; s. Ov.Met. XIV 581–608.

Betrachtet man nach solchen Voraussetzungen das Geschehen um Caesars Tod, wie es in unseren Zeugnissen und bei Ovid geschildert wird, so werden wir nur noch höchstens Rudimente solcher römischen Vorstellungen finden:

1. Caesar ist nicht in voller Leiblichkeit und ohne göttliche Mithilfe gen Himmel gefahren – wie Aeneas, Romulus, Augustus –, sondern nur seine *anima*,[12] und diese unter persönlicher Hilfe seiner Stammutter Venus.

2. Das *sidus Iulium* wird jedenfalls von der Menge als die *anima* des Diktators angesprochen; der Stern ist also nicht nur Symbol für das Geschehene, nicht nur eine Beglaubigung durch die Gottheit, sondern der *divus Iulius* selbst. Die Weisung Jupiters bei Ovid 841 *fac iubar* ist dabei deutlicher Hinweis auf eine Verstirnung.

3. Es fehlt durchaus der *iurator*. Bömer meint zwar, diese Rolle habe in Caesars Fall sein Sohn und Erbe selbst gespielt. Das findet aber in den authentischen Worten des Princeps bei Plinius keine Stütze. Augustus gibt danach nur dem Glauben der Leute nach (*vulgus credidit*), wenn der Stern am *simulacrum* seines Vaters angebracht wird. Offenbar hat er persönlich nicht an diese Verstirnung geglaubt, kann also wohl auch nicht als *iurator* gelten (höchstens nach dem Glauben der Leute).

In alledem zeigt sich, wie sehr bei Ovid insbesondere griechische Glaubensvorstellungen eingedrungen sind und römische Haltungen tiefgreifend verwandelt und verdrängt haben.

Wir kommen noch einmal kurz auf die Parallelerzählung Ovids in seinen Fasten zurück. F. Bömer hat – trotz dem griechischen Motiv des „Scheinbildes" – diese ältere Darstellung als „römischer" bezeichnet.[13] In der Tat ist hier von einer Verstirnung des Toten ebensowenig die Rede – Caesar wird vielmehr *in atria Iovis* entführt – wie von einer Scheidung in Leib und Seele – wir lesen hier ohne weitere Differenzierung *ipsa virum rapui*. Endlich greift hier auch nicht die Stammutter Venus für ihren Nachgeborenen ein, sondern die römische Vesta für ihren Priester.

3.

Die Verwandlung der *anima Caesaris* in einen Stern ist für Ovid aber offenbar gar nicht sein eigentliches Thema – so merkwürdig das klingt –, sondern letztlich Mittel zum Zweck, die göttliche Abkunft des *Divi filius*, wie sich Augustus seit Caesars Konsekrie-

---

[12] Eine Scheidung in sterblichen Leib und göttliche Seele finden wir bei Ovid überdies in seiner Darstellung der Himmelfahrt des Hercules wie auch in seiner Gestaltung der Aeneas-Apotheose: Met. IX 262 ff., wo das sterbliche mütterliche Erbteil des Hercules verbrennt, dieser selbst aber *parte sui meliore viget*, kraft des göttlichen Erbteiles des Zeussohnes (269), und Met. XIV 581 ff., wo der Fluß *Numic(i)us, quidquid in Aenea fuerat mortale* (von Anchises), *repurgat / et respersit aquis; pars optima* (von Venus) *restitit illi* (603 f.).
[13] So Bonner Jb. 152, 1952, S. 33; Gymnasium 64, 1957, S. 132 f.; Fasti, Komm. S. 192.

rung i. J. 42 nennt,[14] zu beglaubigen: *ne foret hic* (Augustus) *igitur mortali semine cretus,/ ille* (Caesar) *deus faciendus erat,* 760 f.[15]

3.1 Bereits in den vorausgehenden Versen (746–759) werden die Taten und kriegerischen Unternehmungen Caesars in eigenartiger Weise verkleinert: zwar ist Caesar *Marte togaque praecipuus* (vgl. Cic.off. 1,77; auch Ov.Met. III 540), aber weder seine siegreichen Kriege noch seine Ordnung im Innern haben seine Verstirnung im gleichen Maße bewirkt *quam sua progenies, quam quod pater extitit huius* (750 f.). So ist auch das folgende *scilicet* (758) in der Frage fast ironisch zu verstehen: wieviel wiegen schon seine Triumphe? Die Unterwerfung der Britanner (i. J. 55 und 54; vgl. sein Bell.Gall.!), seine siegreichen Kämpfe in Ägypten (i. J. 47), mit den Numidern und dem *Cinyphius Iuba* (nach einem Flusse Cinyps = afrikanisch – so auch Met. V 124 –, also Thapsus i. J. 46), endlich die Eingliederung des Königreiches Pontus in das Imperium *(Mithridateisque tumentem/ nominibus Pontum populo adiecisse Quirini* – durch Caesars Sieg bei Zela über Pharnaces i. J. 47), die wenigen *(aliquos)* Triumphe, die er tatsächlich gefeiert hat (fünf: über Gallien, Ägypten, Pontus, Africa, Hispania), die zahlreichen *(multa),* die er verdient hat, was bedeutet das alles gegenüber Caesars Hauptverdienst, *tantum genuisse virum,* eben Augustus? (758). – Es sei bei dieser Gelegenheit darauf hingewiesen, daß das Adoptionsverhältnis des *Caesar iuvenis*[16] zum *Caesar senex* genau so behandelt wird wie blutmäßige Deszendenz: *progenies, genuisse, natus* (850). Auch die Abkunft von der Stammutter Venus wird ja nicht angezweifelt. Das war römischer Brauch, wie z. B. auch der jüngere Africanus als Enkel des älteren gilt.

3.2 Wie in diesen Einleitungsversen, so spielt auch in Jupiters Antwort auf die Klage der Venus (807 ff.) die Person Caesars, um die es Venus ja eigentlich zu tun ist, eine geringere Rolle als die seines „Sohnes". Nicht nur Caesar wird durch die Hilfe der Venus Gott werden, sondern auch unmittelbar mit dieser Verheißung verbunden, sozusagen im gleichen Atemzug *natusque suus* (819), und darauf folgen die Leistungen des *Sohnes.* Dieser allein wird die Last der Staatsführung tragen, wird Erbe des Namens und Rächer des ermordeten Vaters sein, das *bellum Mutinense* entscheiden (i. J. 43) und vor allem der Sieger bei Philippi sein (i. J. 42).[17] Er wird das *magnum nomen* des S. Pompeius Magnus

---

[14] Vgl. Gardthausen, Augustus II S. 22 f., Anm. 21.
[15] Der Gedanke drängt sich auf, ob wir es hier nicht mit einer Neufassung für die endgültige Redaktion der Metamorphosen durch den verbannten Dichter zu tun haben (man hat für eine solche Neufassung auch noch andere Gründe ins Spiel zu bringen versucht; vgl. u. a. Pohlenz, Hermes 1913, S. 10; Martini, Einl. zu Ovid, Brünn etc. 1933, S. 39). Man weiß hier z. B. nicht recht, worauf man das Relativum *quod* in v. 761 beziehen soll: was „sieht" denn Venus hier eigentlich? Das ist im folgenden Vers 762 eindeutig: die Vorbereitungen zum Mord. Aber 761? Sieht sie (ein?), daß durch Caesars Apotheose Augustus zum *Divi filius* gemacht werden muß?
[16] *Caesar iuvenis* bei Baebius Macer (Serv.auct), s.o. S. 52. Man halte daneben den Titel der *Epistulae ad Caesarem senem* bei Sallust. Weil bei den Augusteern Augustus meist *Caesar* genannt wird, schien vielleicht eine solche Unterscheidung der beiden Caesares sinnvoll.
[17] Philippi wird unmittelbar mit Pharsalus verbunden, Philippi selbst *Emathii* = makedonisch genannt. Auch

bei Sizilien niederwerfen (i. J. 38) und schließlich auch *Romani ducis coniunx*, Cleopatra, die gedroht hatte, das ägyptische Canopus werde einst Herr über das Capitol sein (vgl. Hor.c.I 37,6–8), zu Fall bringen. Dann weitet sich der Blick auf die *barbaries* (829) vom Aufgang bis Untergang: *quodcumque habitabile tellus/ sustinet, huius* (Augusti) *erit; pontus quoque serviet illi* (830 f.).[18] Nach solchen kriegerischen Erfolgen wird der neue Herrscher – er ist also auch wie sein Vater *Marte togaque praecipuus* (746) – durch *civilia iura* den Frieden bringen, kraft seiner *iustitia (iustissimus auctor* 833) Gesetze geben und durch das Beispiel seiner *mores* die allgemeine Sitte heben; endlich wird er in weiser Voraussicht (*prospiciens* 836) auf die Zukunft *prolem sancta de coniuge natam* (Tiberius als Sohn der Livia)/ *ferre simul nomenque suum curasque iubebit* (836 f.). Erst im sprichwörtlichen Alter des pylischen Nestor *(Pylii anni)* wird er Gott werden: *aetherias sedes cognataque sidera* (den Stern Caesars oder den der Venus) *tanget* (839).[19] Danach erst, nach diesem ausführlichen Preis des Sohnes als *vaticinium,* folgt Jupiters knappste Weisung an Venus: *fac iubar*, mach Caesars *anima* zum Gott, aber *interea*, d. h. vor der Divinisierung des größeren Sohnes („einstweilen").

3.3 Endlich schiebt sich zwischen die Verwandlungsverse (843–850) und das abschließende Gebet an die heimischen Götter (861 ff.) noch einmal der Preis des großen Sohnes: So wie der divus Caesar selber zu seiner Freude bekennt (850 f.) *nati ... benefacta ... esse suis maiora et vinci gaudet ab illo,* zieht auch die *libera fama* (853) die *acta* des Sohnes, obwohl dieser persönlich dies zu behaupten verbietet, denen des Vaters vor: denn der Sohn ist größer als sein Vater wie Agamemnon größer ist als der Vater Atreus,[20] Theseus als Aegeus, Achilles als Peleus – und schließlich, *ut exemplis ipsos* (Caesar/Augustus) *aequantibus utar,* – Jupiter als sein Vater Saturnus (858). Daß hier ein hellenistisches Schema des Herrscherlobes zugrunde liegt, hat Wilamowitz – ohne auf unsere Stelle Bezug zu nehmen – Hell. Dichtung II 133 gezeigt: Ptolemaios II Philadelphos, an den Theokrit (Id. XVII) seine Verse (53 ff.) richtet, ist größer als sein Vater, wie Diomedes seinen Vater Tydeus, Achilleus seinen Vater Peleus übertrifft. Aber ist damit gesagt, daß Augustus gleich Jupiter *ist*? Die abschließenden Verse 858–860 könnten das nahelegen: *Iuppiter arces/ temperat aetherias et mundi regna triformis,/ terra sub Augusto est; pater est et rector uterque.* Aber das verdient eine eigene Untersuchung.

---

bei Verg.Georg. I 490 ff. (im Anschluß an die Prodigienliste) wird Philippi geographisch Pharsalia gleichgestellt *(iterum)* und *Emathia* = Makedonien wird von römischem Blut getränkt werden. Die Stelle schwebt Ovid natürlich vor.

[18] Zwischen *hic* und *ille* wird hier kein Unterschied gemacht.

[19] Genau so schließt das abschließende feierliche Gebet (862 ff.) an die Götter mit der Bitte für Augustus: *tarda sit illa dies et nostro serior aevo,/ qua caput Augustum, quem temperat orbe relicto,/ accedat caelo:* Augustus möge erst nach einem späten Tode in den Himmel auffahren, genau wie Horaz in seinem Gebet an Augustus/ Mercurius (c. I 2) es formuliert: *serus in caelum redeas* (45).

[20] *titulis*: an ehrenvollen Namen, Ruhmestaten, offenbar ein bei Ovid beliebtes Wort; „Tatenruhm" bei Ehwald, z. St.; man kann auch an *elogia* denken.

Ernst Rieger

Sed vetuere patres

Nachdenkliches zu Ovids „Pyramus und Thisbe" (Met. IV 55–166)

Schuld an allem waren die Väter. Pyramus und Thisbe, Kinder von zwei Familien, deren Häuser Wand an Wand grenzten, waren von Natur ausgezeichnet durch Schönheit, der eine *pulcherrimus iuvenum* (v.55), die andere, *quas oriens habuit, praelata puellis* (v.56). Die natürlichste Sache der Welt: Die zwei jungen Menschen, die sich in unmittelbarer Nachbarschaft (*vicinia*, v.59) täglich sahen, fühlten sich einander zugetan; *tempore crevit amor* (v.60). Sie hätten auch heiraten wollen.

Dagegen stand das Nein der Väter: *sed vetuere patres* (v.61) – ein hartes Verbot derer, die in der römischen Familie das Sagen hatten. Und dieses Verbot wurde ohne Begründung gegen den Wunsch der Kinder gesetzt. Das abrupte Ende ihrer Liebe ertrugen die jungen Menschen nicht; sie gingen eigene Wege, gegen den Willen der Väter, zu denen offensichtlich jede Verbindung gerissen war. Das fast wortlose, harte Verdikt, an dem ersichtlich, daß kein Gespräch zwischen den Generationen möglich war, wurde von den Betroffenen mißachtet, mit der Konsequenz, daß die Grundlage zur Gemeinsamkeit für alles weitere zerstört wurde, die Kinder demnach in ihren Absichten, in ihren Irrungen und Verwirrungen auf sich allein gestellt waren. Sie konspirierten miteinander, im Unverständnis gegenüber der elterlichen Entscheidung, im Ungehorsam gegen das Verbot ihrer Liebe. Liebenden aber könne, so glaubten sie, nichts im Wege stehen, keine Mauer, nicht die Wächter der Häuser, auch nicht der Wille der Väter.

Beide wollten sich in der Nacht außerhalb der Häuser treffen; der Treffpunkt, ein Maulbeerbaum, wurde bestimmt. Doch ihrer Absicht stand das Schicksal entgegen, so daß das Drama seinen traurigen Verlauf nahm. Thisbe, zuerst beim Baume, mußte vor einer nahenden Löwin fliehen, ließ aber den Schleier zurück, mit dem sie sich verhüllt hatte, um von den Wächtern nicht erkannt zu werden; diesen zerfetzte mit noch blutigem Maul jene Löwin, so daß der später und, wie sich zeigte, zu spät kommende Pyramus an die Tötung seiner Geliebten glaubte. Und weil er sich dafür schuldig erkannte (vgl. *nostra nocens anima est*, v.110), tötete er sich. Die zurückkehrende Thisbe sah den sterbenden Freund und zog aus den Indizien (Schwert, blutiger Schleier) den Schluß, Pyramus habe sich aus Liebe zu ihr umgebracht. Ihr Schmerz über das Unglück trieb sie dazu, ihrem Geliebten gleichfalls durch die eigene Hand in den Tod zu folgen. Das tragische Ende kam nur durch eine Kette von Fehlschlüssen zustande, und diese waren nur deshalb möglich, weil die beiden Kinder, auf sich allein gestellt, in ihrer Not, alles heimlich machen zu müssen, niemanden hatten, dem sie sich mitteilen konnten. Es gab keine Instanz, die eine aus der Vernunft kommende Kontrolle über die Situation hätte ausüben können. Alles war auf die Ebene der spontan und emotional reagierenden jungen Leute geschoben. Das Verbot der Väter schloß alle Rückbindung an das Elternhaus aus, solange sich das Geschehen noch hätte zum Guten wenden können.

Erst als das tragische Ende unausweichlich geworden, als Pyramus tot war und Thisbe zum Sterben entschlossen, kam es wieder – erstmals und das einzige Mal – zu einer Beziehung zu den Vätern, freilich auch hier nur aus der Ferne. Thisbe wandte sich an sie, die Unglücklichen, die gar nicht zugegen waren, mit der Bitte, sie sollten ihnen die Liebesvereinigung im Tode wenigstens nicht mißgönnen. *Vota tamen tetigere deos, tetigere parentes* (v.164). Ihre Bitten rührten die Götter und – über sie wohl – auch die Eltern; *parentes*, das hier vom Dichter vornehmlich wohl aus metrischen Gründen geschrieben ist, bedeutet wohl auch hier die ‚Väter'; es schließt aber nicht aus, daß der Leser darunter die ‚Eltern' versteht. Die Väter hatten jeweils das Verbot gegeben, betroffen aber von dessen Folgen waren beide Elternteile. Diese *parentes* ließen sich in ihrem Leide wegen der Kinder innerlich ‚anrühren' (*tangere*!). Die Eltern von beiden waren bereit, den letzten Wunsch Thisbes zu erfüllen, so daß die Vereinigung in Liebe symbolisch zur Verwirklichung kam.

Ob sich die verfeindeten Familien nach dem mitverschuldeten Tod ihrer Kinder auch sonst nähergekommen waren, ob sie den widernatürlichen, weil die natürliche Verbindung der sich Liebenden verbietenden Haß beendeten, dies deutet der Dichter nicht an.

Aber ein späterer Dichter läßt mit dem harten Verbot der Väter am Anfang die Versöhnungsabsicht der Eltern am Ende korrespondieren. In Shakespeares Tragödie „Romeo und Julia", die nach Goethes Meinung letztlich auf Ovids Geschichte von „Pyramus und Thisbe" zurückgeht, gewinnt jedenfalls der Versöhnungsgedanke eine plastische Ausformung. Der Fürst hält den beiden Vätern, Capulet und Montague, nach dem Freitod ihrer Kinder vor:

> „Seht, welch ein Fluch auf eurem Hasse ruht,
> daß Liebe eure Freuden töten muß!"

Die Väter gehen auf die Anregung des Fürsten ein, den Haß zu begraben. Sie reichen sich die Hände – aus Respekt vor den toten Kindern.

Alfons Städele

Et commotus his Avitus …

Barbarenschicksale bei Tacitus

In den Kapiteln 54–56 des 13. Buches der „Annalen" schildert Tacitus Ereignisse des Jahres 58 n. Chr. Damals halten sich die Römer in Germanien zurück. Die Heerführer achten darauf, daß sich die Lage beruhigt. Sofort verbreitet sich das Gerücht, den Legaten sei das Recht entzogen worden, gegen den Feind zu ziehen. Deshalb besetzen Friesen am rechten Ufer des Niederrheins brachliegendes Land, das die Römer für ihre Soldaten vorgesehen hatten. Gehöfte sind bereits errichtet, die erste Aussaat ist erfolgt – da fordert der neue Befehlshaber L. Dubius Avitus, die Besetzer sollten das Gebiet unverzüglich räumen, in ihre alte Heimat zurückkehren oder sich vom Kaiser ein anderes Territorium zuweisen lassen. Eine Gesandtschaft der Germanen nach Rom bringt nicht den gewünschten Erfolg. Nero beschenkt zwar die beiden friesischen Häuptlinge mit dem Bürgerrecht, der Stamm selber aber muß das Ackerland verlassen. Als man nicht gehorcht, bereinigt die bundesgenössische Reiterei die Angelegenheit, „indem sie gefangennahm oder niedermachte, wer hartnäckiger Widerstand leistete" – *„captis caesisve, qui pervicacius restiterant"* (54,4).

Das umstrittene Gebiet liegt wieder brach. Da kommen, vertrieben von den Chauken, die Ampsivarier[1] unter ihrem angesehenen Häuptling Boiocalus, einst ein Gegner des Arminius, dann Soldat unter Tiberius und Germanicus, der, so legt er dar, seinen 50 Jahre währenden Gehorsam dadurch krönen will, daß er nun seinen Stamm der Botmäßigkeit der Römer unterwirft. Er fordert nicht das ganze Land; anscheinend gewitzigt durch das Schicksal der Friesen, will er sich nur mit einem Teil zufriedengeben. Man könne selbstverständlich, während Menschen hungerten,[2] Weideplätze für das Vieh der Soldaten einzäunen, nur, brachliegen und veröden solle man das Gebiet nicht lassen. Dann wird der Germane zum Philosophen: Wie der Himmel für die Götter, so sei die Erde für das Menschengeschlecht da; Land, das niemandem gehöre, gehöre allen. Er blickt zur Sonne empor und ruft zu den übrigen Gestirnen hinauf, ob sie denn öden Boden sehen wollten. Sie sollten eher das Meer darüberfluten lassen gegen die Räuber der Länder *(adversus terrarum ereptores,* 55,3).

---

[1] Das Stammesgebiet der Am(p)sivarier lag an der unteren *Amisia* (Ems), das umstrittene Territorium rechts des Rheins vermutlich zwischen Vecht und Ijssel. W. Suerbaum verdanke ich den Hinweis auf J. Harmatta: Agri vacui und solitudo (Zu Tac., Ann. XIII 53 ff.), Acta Classica Univ. Scient. Debrecen. 10–11, 1974–1975, 101–110. Der Autor versucht den Nachweis, daß die *agri vacui* zum Territorium eines Municipiums oder einer Colonia gehörten (S. 105). Das besetzte Gebiet habe deshalb „am linken Rheinufer, irgendwo zwischen der Mündung der Lippe und der Verzweigung der Waal" gelegen (S. 106 f.).
[2] Ich verstehe *inter hominum famem (famem* Agricola: *famam* M) als: *cum homines fame laborarent.*

Und nun antwortet der Römer, bewegt von diesen ergreifenden Worten – *et commotus his Avitus*, schreibt Tacitus (56,1) –: Er würde ja gerne helfen; aber es sei ihm leider nicht möglich, er brauche die Äcker unbedingt zur Versorgung seiner hungernden Soldaten. Selbstverständlich werde er alles tun, um die schlimmste Not auch von den Germanen abzuwenden ... Diesen Eindruck gewinnt man, wenn man die gängigen Übersetzungen unserer Stelle liest und die Kommentare dazu vergleicht. Da ist Avitus „durch diese Vorstellungen gerührt"[3], „beeindruckt durch diese Worte"[4], „von diesen Worten ergriffen"[5]. „Man müsse sich *nun einmal* ... fügen"[6], fährt der Römer, offensichtlich um das Verständnis seines Gesprächspartners werbend, angeblich fort.[7] Die Folge dieser Auffassung des Ausdrucks *commotus* ist, daß Übersetzer und Kommentatoren im Anschluß daran vor einem unauflöslichen Widerspruch stehen; denn nun zeigt sich Avitus in Wort und Tat alles andere als entgegenkommend. Ich führe als Beispiel Koestermanns „Erläuterungen" zur Stelle an:

„Wenn man der Überlieferung folgt, wäre Avitus durch die Darlegungen des Boiocalus stärker beeindruckt worden, und er hätte versucht, ihn durch gütliches Zureden zur Nachgiebigkeit zu bewegen. Aber der Tenor seiner Entgegnung mit ihrer unerbittlichen Härte paßt nicht recht zu diesem Bilde. Daher wollte LIPSIUS lesen *nec commotus,* ähnlich KOESTERMANN *et immotus* ... Man kann sich nur schwer entschließen, diesen Sätzen mit ihrer verletzenden Hoffart einen freundlichen Sinn beizulegen. Die monströse Grausamkeit ..., obschon durch die Staatsräson bedingt, mußte abstoßend auf die Opfer der römischen Intervention wirken. Unzweifelhaft empfindet Tacitus Mitleid mit ihnen. Aber im Grunde steht er den Vorgängen ratlos gegenüber, da auch er im Bann der imperialistischen Staatsauffassung keinen anderen Ausweg sah."[8]

Wer hier jedoch den Vorgängen ratlos gegenübersteht, ist nicht Tacitus, sondern sein Erklärer. Wie wenig etwa Koestermann selbst von der Richtigkeit seiner Auffassung überzeugt war, geht schon aus der äußerst vorsichtigen und unbestimmten Ausdrucksweise hervor. Zusätze wie „nicht recht", „man kann sich nur schwer entschließen", „unzweifelhaft" und „im Grunde" zeugen nicht gerade von einer zwingenden Gedankenführung. Und wozu die Feststellung, daß „die monströse Grausamkeit", mit der Avitus die Germanen schließlich behandelt, auf ihre Opfer „abstoßend" wirken mußte? Hätten sie etwa

---

[3] Tacitus: Annalen, Übers. und Anm. von W. Sontheimer, 2 Bde., Stuttgart (Reclam) 1964/1967 (Nachdruck des 1. Bandes: 1970).
[4] P. Cornelius Tacitus: Annalen, lat. und deutsch, hrsg. von E. Heller, München/Zürich (Artemis) 1982.
[5] Tacitus: Annalen, Übertr., Zeittafel zu den „Annalen", Stammtafel und Anm.: C. Hoffmann; Nachwort, Zeittafel zu Leben und Werk des Tacitus und bibliogr. Hinweise: G. Wirth, München (Goldmann) 1978. Die Übertragung allein: Wiesbaden o.J. Zuerst: Lat. und deutsch, München (Heimeran) 1954.
[6] Hoffmann (vgl. Anm. 5); die Hervorhebung von mir.
[7] Heller (vgl. Anm. 4) interpretiert ähnlich: „Fügen müsse man sich *eben* ...". Woyte (Die Annalen des Cornelius Tacitus, nach der Übers. von W. Bötticher neu hrsg. von C. Woyte, 2 Bde., Leipzig [Reclam] 1925) schiebt sogar ein: *„er suchte aber die Ampsivarier zu bewegen,* sich dem Willen der *Stärkeren* zu beugen", und Harendza, P. Cornelius Tacitus: Germania – Die Annalen, ins Deutsche übertr. und ausgew. von W. Harendza, München (Goldmann) 1964, „erläutert": „... erwiderte Avitus (*milder als zuerst beabsichtigt*): ..." (Die Hervorhebungen jeweils von mir).
[8] E. Koestermann: Cornelius Tacitus, Annalen, Erl. und mit einer Einl. vers. von E.K., 4 Bde., Heidelberg 1963–1968. Hier: Bd. III, Buch 11–13 (1967).

Verständnis dafür zeigen sollen, daß man sie, nur weil es den Römern so gefiel, in den sicheren Untergang trieb? Das schwächste Glied in der Argumentationskette ist aber die Schuldzuweisung an den Autor, dem man, wenn man ihn nicht versteht, einfach ein gespaltenes Bewußtsein unterstellt – er kann sich gegen den Vorwurf der Schizophrenie ja nicht mehr wehren.

Um die auf diese Weise selbstgeschaffenen Schwierigkeiten noch deutlicher herauszustellen, zitiere ich ein zweites Mal Koestermann, und zwar seine Anmerkungen zu *captis caesisve* am Ende der Friesenepisode (54,4). Daß Tacitus hier diese beiden Ausdrücke nebeneinander gebraucht, bereitet seinem Erklärer Unbehagen; er führt aus: „Die stilistische Exaggeratio durch die Assonanzen wirkt angesichts des Sachverhalts unerfreulich. Vorher sprach der Mensch Tacitus, jetzt der Imperialist." Vorher: Das heißt hier im gleichen Zusammenhang einige Zeilen früher. Unser Geschichtsschreiber muß also seine Erzählhaltung völlig unvermittelt und ohne erkennbaren Anlaß innerhalb weniger Sätze in ihr Gegenteil verkehrt haben. Es ist dann auch kein Wunder, daß sich im Anschluß daran ein römischer General genauso sprunghaft verhält. Angeblich schlagen ja Mitleid und gütliches Zureden des „Menschen" Avitus ohne ersichtlichen Grund plötzlich in die unerbittliche Härte und verletzende Hoffart des „Imperialisten" um. Und weiter: Dürfen wir einen Autor als Meister der Stilistik rühmen, solange er uns „menschlich" zu sein scheint, aber an seiner Ausdrucksweise Anstoß nehmen, wenn aus seinen Worten unserer Meinung nach „Imperialismus" spricht? Zugegeben sei, daß ein innerlich zerrissener, ratloser Tacitus die Aufmerksamkeit des psychologisch geschulten oder auf diesem Gebiet dilettierenden modernen Lesers mehr auf sich zieht als eine „einheitliche" und deshalb „einfache" Persönlichkeit. Doch sollte ein vermeintlicher oder tatsächlicher Widerspruch im Werk eines Schriftstellers erst dann in seine Person hineinprojiziert werden, wenn alle anderen Erklärungsmöglichkeiten versagt haben. An unserer Stelle ist dies keineswegs der Fall; Koestermann ist lediglich auf die Vorschläge anderer nicht eingegangen.

Was hat denn nun Tacitus tatsächlich zum Ausdruck gebracht? Natürlich ist Avitus nach den Auslassungen des Boiocalus „heftig bewegt", aber nicht im Sinne von „zu Tränen gerührt", sondern aufgebracht und empört über die Widersetzlichkeit und Unverschämtheit des Barbaren.

Schon Wilhelm Bötticher hat diese Stelle mit der zutreffenden Begründung richtig übersetzt: „Und gereizt hiedurch**..."; Anm.**: „Nicht, wie übersetzt und erklärt zu werden pflegt, ‚gerührt, bewegt'. Das vorhergehende *terrarum ereptores* konnte doch wohl den Zorn des Römers rege machen, und ausdrücklich heißt es im Folgenden: *infensis u t r i m q u e animis.*"[9]

Bereits die zweite Fassung der Übersetzung Bötticher, „die von einem Ungenannten überarbeitet und 1864 veröffentlicht wurde",[10] fällt jedoch wieder in den alten Fehler zurück: „hiervon ergriffen".

---

[9] Des Cajus Cornelius Tacitus sämmtliche Werke, übers. von W. Bötticher, 2. Bd.: Der Annalen eilftes [*sic*] bis sechzehntes Buch, Berlin 1832.

[10] Cornelius Tacitus: Sämtliche Werke, Wien 1935, S. 802. Diese Überarbeitung wurde neu aufgelegt als: Cor-

In ihrer Nachfolge übersetzen Curt Woyte: „... durch diese Worte gerührt",[11] und Karl Ludwig Roth: „Avitus war auch [?] hiervon bewegt..."[12]. Dagegen behält ein anderer Bearbeiter dieser grundlegenden Übersetzung, Ernst Otto, „gereizt"[13] bei. Richtig geben den Ausdruck außerdem August Horneffer: „Hierüber erregt..."[14] und Pierre Wuilleumier: „Exaspéré par ces paroles..."[15] wieder, während John Jackson: „Avitus, who had been moved by the appeal..."[16] und Bianca Ceva: „Avito fu scosso da tali parole..."[17] wie die meisten deutschen Übersetzer den römischen Feldherrn bewegt und erschüttert sein lassen.

Gerber/Greef[18] verzeichnen insgesamt drei Stellen, an denen *commovere* angeblich *misericordiam cui movere* bedeutet, darunter auch ann. 13,56 (neben 11,36; 13,21). Anschließend führen sie unter „part. perf. i.q. *vehemens, fervidus*" fünf Belege an. Hofmann[19] verweist zusätzlich zu den obigen drei Stellen auf ann. 11,2. Für Nipperdey/Andresen[20] zeigt sich die Rührung des Avitus darin, „daß er sie (sc. die Ampsivarier) durch Gründe zu bewegen sucht, sich in das Unvermeidliche zu fügen." Furneaux/Pelham/Fisher[21] sehen eine zusätzliche Stütze für diese Auffassung in der Tatsache, daß sich der Römer aller Drohungen enthält!

In der Antwort des Avitus ist kein Platz für eine verständnisvolle Floskel wie: „Es sei nun halt einmal so...", sondern hier kommandiert ein römischer General (56,1):

Patienda meliorum imperia; id dis, quos implorarent, placitum, ut arbitrium penes Romanos maneret, quid darent, quid adimerent, neque alios iudices quam se ipsos paterentur.

Warum das Mißverständnis so vieler Übersetzer und Kommentatoren? Das mag einmal damit zusammenhängen, daß Tacitus selbst gleich zu Anfang der Ampsivarierepisode den Ausdruck *miseratio* gebraucht (*adiacentium populorum miseratione*, 55,1) und im folgenden den Auftritt des Germanenhäuptlings mit höchstem Pathos ausgestaltet, um die συμπάθεια der Leser zu erregen.[22] Man darf dabei aber nicht übersehen, daß die Er-

---

nelius Tacitus: Sämtliche erhaltene Werke, Bearb. des Textes unter Zugrundelegung der Übertr. von W. Bötticher und Schleiermacher, Stuttgart/Essen o.J. (ca. 1980).

[11] Vgl. Anm. 7.

[12] P. Cornelius Tacitus' Werke, deutsch von K. L. Roth, 5. Bändchen: Der Annalen 11. bis 13. Buch, Berlin-Schöneberg (Langenscheidt) o.J. (ca. 1930; dort erstmals 1854 ff.).

[13] Die Annalen des Cornelius Tacitus, übers. von W. Bötticher, neue Ausgabe besorgt von E. Otto, Leipzig (Reclam) o.J. (ca. 1910?; dort erstmals 1890).

[14] Tacitus: Annalen, deutsch von A. Horneffer, mit einer Einl. von J. Vogt und Anm. von W. Schur, Stuttgart (Kröner) 1957.

[15] Tacite: Annales, 4 tomes, Paris 1975–1978. Hier: tome IV, livres XIII-XVI, texte établi et traduit par P. Wuilleumier (1978).

[16] Tacitus: The Annals, with an English transl. by J. Jackson, 4 vol., London/Cambridge Mass. 1931 ff. Hier: Vol. 4, books 13–16 (1937). Der Nachdruck London/Cambridge Mass. 1970 ff. war mir nicht zugänglich.

[17] Tacito, Annali, con un saggio introduttivo di C. Questa, trad. di Bianca Ceva. Testo latino a fronte, 2 vol., Milano 1981.

[18] A. Gerber/A. Greef: Lexicon Taciteum, 2 vol., Leipzig 1877/1903 (Nachdr. Hildesheim 1962).

[19] Art. *commovere*, in: ThLL 3 (1906–1912), 1946.

[20] P. Cornelius Tacitus, erklärt von K. Nipperdey, 2. Bd.: Ab excessu divi Augusti XI-XVI; 5. verb. Aufl. besorgt von G. Andresen, Berlin 1892.

[21] Cornelii Taciti annalium ab excessu divi Augusti libri. The Annals of Tacitus, ed. with introd. and notes by H. Furneaux, 2 vol., 2nd vol.: Books XI-XVI, 2nd ed. rev. by H. F. Pelham and C. D. Fisher, Oxford 1907 (repr. 1965).

[22] Zur Taciteischen δείνωσις vgl. etwa J. Cousin: Rhétorique et psychologie chez Tacite, REL 29, 1951, 228–247; deutsch in: Tacitus, hrsg. von V. Pöschl, Darmstadt 1969 = WdF 97, 104–129, hier S. 124 ff.; die Technik der *miseratio* wird S. 127 erwähnt. Vgl. dazu auch E. Fraenkel: Tacitus, Neue Jahrb. für Wiss. und Jugendbildung 8, 1932, 218–233; wieder abgedr. in: Kl. Beitr. zur Klass. Philologie, Rom 1964, 309–332, sowie in dem eben erwähnten Sammelband, 16–38, hier S. 29–32.

wähnung des „Mitleids" der umliegenden Stämme vor allem auch dazu beitragen soll, den Anspruch des Boiocalus und seines Volkes von dem vorangehenden friesischen Unternehmen abzusetzen. Waren die Friesen eingefallen, weil die Gelegenheit günstig schien (vgl. 54,1), so kommen die Ampsivarier, vertrieben von den Chauken, heimatlos, in größter Not auf der Suche nach einem neuen, sicheren Siedlungsgebiet. Ihre Zahl, aber auch das „Mitleid" verleihen ihrem Zug mehr Gewicht, als es das Unternehmen der Vorgänger besaß (*validior gens,* 55,1). Diese Begründung des Tacitus ist nur verständlich, wenn *miseratio* hier gleichsam aktivisch die Bereitschaft der Nachbarn mit einschließt, nötigenfalls zu helfen, eine Auffassung, die durch den weiteren Verlauf des Geschehens bestätigt wird. Demnach sind – das zeigt auch ein Blick auf die Siedlungsgebiete der Germanen am Niederrhein – mit den *adiacentes populi* (55,1) insbesondere die Brukterer und Tenkterer gemeint. Sie werden nach dem Scheitern der Verhandlungen mit den Römern von den Ampsivariern als Bundesgenossen angerufen und von Avitus sofort mit der Drohung, sie auszulöschen (*excidium minitans*, 56,2), an jeder Hilfe gehindert. Dem unglücklichen Stamm bleibt kein Ausweg mehr; er geht schließlich zugrunde: *Protulit enim magnitudo populi Romani ultra Rhenum ultraque veteres terminos imperii reverentiam*, hat Tacitus in der „Germania" (29,1) das fügsame Verhalten anderer Germanenstämme, der Bataver und Mattiaker, begründet. Sie hatten im Gegensatz zu den Ampsivariern verstanden, was es bedeutete, den Römern im Wege zu stehen, und gehorchten.

Ein zweiter Grund für das Mißverständnis wird in der Tatsache zu suchen sein, daß man als moderner Mensch der Szene mit einer anderen Erwartungshaltung folgt als ein Römer. Wir fühlen uns, um fast 1900 Jahre Menschheitsgeschichte reicher und in einer kaum vergleichbaren historischen Situation stehend, ‚menschlich' gerührt von dem bitteren Schicksal eines hungernden, landsuchenden Volkes, lassen uns einnehmen von der großartigen Geste, mit der sein ehrfurchtgebietender Repräsentant der Not Ausdruck verleiht – und merken dabei gar nicht, daß dies alles sich vor dem Hintergrund des „geistigen Widerstands gegen Rom" und in den Bahnen einer seit Generationen vor Tacitus schon festliegenden Topik abspielt. Da wagt es wieder einmal ein Barbar, sich dem „Naturrecht des Tüchtigeren" (*meliorum imperia*, 56,1) zu widersetzen und die Römer *terrarum ereptores* (55,3) zu nennen, so als hätte er die Mithridatesepistel gelesen und als wäre Calgacus bei ihm in die Schule gegangen: *latrones gentium, raptores orbis, latro gentiumque vastator*[23] sind die traditionellen Vorwürfe gegen die Herren der Welt seit Alexander dem Großen, in dessen Beurteilung als „Räuber und Vertilger der Völker" stoisches Gedankengut „mit den Gemeinplätzen rhetorisierender Geschichtsschreibung und den ... pseudohistorischen Raisonnements der sogenannten Diatribe verschmolzen"[24] ist. An-

---

[23] Sall.hist.fr. 4,69,22 M.; Tac. Agr. 30,4; Sen.ben. 1,13,3; vgl. Curt. 7,8,19.
[24] J. Stroux: Die stoische Beurteilung Alexanders des Großen, Philologus 88, 1932, 222–240, hier S. 224. Vgl. Verf.: Barbarenreden – ein Beitrag zur Behandlung des römischen Imperialismus im Lateinunterricht, Anregung 27, 1981, 248–258, hier S. 257.

ders ausgedrückt: Welche Argumente bei einem solchen Zusammenstoß zwischen Römer und Barbar ausgetauscht werden konnten, wußte der (literarisch gebildete) Leser; jeweils neu waren die Zusammenstellung, Gewichtung und sprachliche Gestaltung der altvertrauten Gemeinplätze,[25] und in diesem Zusammenhang ging es nie um Mitfühlen oder um Verständnis für fremde Völker. Immerhin ist ja doch auch bemerkenswert, daß der Barbarenhäuptling eine Zurückweisung seines Volkes gar nicht erst abwartet, sondern die Römer ziemlich unvermittelt mit seinen Vorwürfen überschüttet.

So ist es kein Wunder, daß auch hier der weitere Verlauf des Geschehens durch die unmittelbar vorangehende Erzählung über die Friesen (Kap. 54) bereits vorweggenommen wird: Zunächst versucht man, den Häuptling von seinem Volk zu trennen, indem man ihm persönlich für seine Ergebenheit Land anbietet, und als dieses Verfahren scheitert, werden die Barbaren in den Untergang getrieben: *Quod iuventutis erat, caeduntur, imbellis aetas in praedam divisa est*, ist schließlich ihr Schicksal (56,3). Und der Leser verspürt förmlich, wie erleichtert Koestermann aufatmet, daß Tacitus – im Gegensatz zu anderen Stellen – „hier wenigstens jedes Gefühl des Triumphes unterdrückt, da er sich wohl bewußt war, daß die Episode nicht zu den Ruhmestiteln der römischen Politik zählte".

Damit sind wir auf den dritten Grund dafür gestoßen, warum man bisher so oft eher daran gedacht hat, die Überlieferung zu ändern als *commotus* mit „erregt", „aufgebracht", „empört" o.ä. wiederzugeben. Offensichtlich konnte man sich schon mit dem Gedanken nicht anfreunden, daß ein römischer General ein notleidendes Volk ohne zwingenden Grund mit einer für unser Empfinden unvorstellbaren Härte und unerbittlichen Brutalität ins Verderben trieb.[26] Erschwerend kam nun aber hinzu, daß Tacitus das furchtbare Geschehen schilderte, ohne ein Wort der Erklärung, der Entschuldigung oder gar des Bedauerns zu verlieren; wie wir soeben erfahren haben, mußte man ganz im Gegenteil schon froh sein, wenn er dabei „wenigstens jedes Gefühl des Triumphes unterdrückt(e)". Charakterisiert diese Art der Darstellung nicht zusammen mit dem General auch den Geschichtsschreiber? Wo blieb dann aber das vielgerühmte, einzigartige Verständnis für andere Völker,[27] das Vermögen, „die römische Eroberung vom Standpunkt der Unter-

---

[25] Ein weiterer solcher Topos ist etwa das *solitudo-vastitas*-Motiv, vgl. Sen.ben. 1,13,3, vor allem aber Tac.Agr. 30,4; dazu H. Volkmann: Antike Romkritik, Topik und historische Wirklichkeit, Gymnasium Beiheft 4, 1964, 9–20, hier S. 18 f. Auch Koestermann (zu ann. 13,55,2) erkennt darin ein „Schlagwort der antirömischen Propaganda", zieht aber weiter keine Schlüsse daraus. Daß es ein Gemeinplatz sei zu konstatieren, die Calgacusrede (Tac.Agr. 30–32) sei aus lauter Gemeinplätzen zusammengestellt, hat z. B. Borzsák hervorgehoben (St. Borzsák: P. Cornelius Tacitus, der Geschichtsschreiber, Sonderdruck aus RE Suppl. 11, 1968, 373–512, hier Sp. 409,30 ff. [München ²1978]).

[26] Vgl. die Behandlung der hungernden Mandubier durch Cäsar (Caes. Gall. 7,78,3–5). Auf römischer Seite wollte man vermutlich die Beunruhigung, die von neu ans rechte Rheinufer ziehenden Stämmen hätte ausgehen können, unter keinen Umständen in Kauf nehmen. Die Ampsivarier wurden allerdings nicht gänzlich vernichtet; im 4. Jh. tauchen sie als Teilvolk der Franken wieder auf.

[27] K. Büchner: Publius Cornelius Tacitus, Die historischen Versuche. Agricola, Germania, Dialogus, übers. und hrsg. von K. B., Stuttgart ²1963, S. 139. S. 68 findet sich (zu Agr. 30–32) die Behauptung, Tacitus könne Calgacus verstehen.

worfenen und der Feinde aus anzuschauen"[28]? Mußte man hier noch auf ein „gebrochenes Fühlen", auf „intellektuelle Verzweiflung" und eine „Spaltung des Bewußtseins"[29] zurückgreifen, um Tacitus zu verstehen? Im Text jedenfalls findet sich kein Anhaltspunkt dafür, daß unser Geschichtsschreiber den Untergang der Friesen und Ampsivarier nicht für selbstverständliches Barbarenschicksal hielt, das allenfalls dadurch eine Steigerung erfahren konnte, daß Vernichtung und Erniedrigung den Römern zur Ergötzung dienten.

Tacitus vermutet z. B., als ungefähr im Jahre 97 angeblich über 60.000 Brukterer von den Nachbarstämmen niedergemacht werden, die Götter hätten gezeigt, daß sie den Römern gewogen seien (Germ. 33,1). Denn dieses grandiose Schauspiel – er gebraucht die Ausdrücke *spectaculum* und *magnificentius* – vollzog sich ohne Zutun der Römer, die von Castra Vetera wie von den Rängen eines Amphitheaters aus zuschauen konnten, wie die Barbaren fielen, „(uns) zur Ergötzung und Augenweide" – *oblectationi oculisque*. Gleich im Anschluß daran folgt ja dann der berühmte Ausruf: *Maneat, quaeso, duretque...*, in dem Tacitus bei der bedrängten Lage des Reiches auf die Völker gegenseitigen Haß und Zwietracht herabwünscht.

Gleichfalls ein *insigne spectaculum* wird geboten, als der britannische Fürst Caratacus gefangen vor Kaiser Claudius geführt wird. Das Volk will den berühmten Häuptling sehen,[30] der so viele Jahre hindurch der römischen Macht getrotzt hatte, die Prätorianer treten in voller Rüstung an – *et Caesar dum suum decus extollit, addidit gloriam victo* (ann. 12,36,2). Der Barbar verliert auch jetzt nichts von seiner beeindruckenden Größe. Tacitus läßt ihn erhobenen Hauptes die denkwürdigen Worte sprechen: „*Habui equos viros, arma opes: quid mirum si haec invitus amisi? Nam si vos omnibus imperitare vultis, sequitur, ut omnes servitutem accipiant?*" (37,2). Was römische Herrschaft für die übrigen Völker bedeutete, kann man kaum anschaulicher und zugleich präziser ausdrücken, als es in diesen rhetorischen Fragen geschieht.

Doch zuvor denkt Caratacus öffentlich über sein Schicksal nach. Er war ein mächtiger Fürst, mit dem die Römer gewiß gerne Frieden und Freundschaft geschlossen hätten. Nur hat er versäumt, sich rechtzeitig darauf einzustellen. Ihm waren *sehr viele* Völker untertan (*plurimis gentibus imperitantem*, 37,1); daß er sich damit nicht zufriedengab und sich dem Volk nicht beugte, das den Anspruch erhob, über *alle* zu herrschen (*si vos omnibus imperitare vultis*, 37,2), war sein Fehler. Römisch gedacht, mangelte es ihm an *mo-*

---

[28] F. Klingner: Tacitus, Antike 8, 1932, 151 ff. Hier zitiert nach: Römische Geisteswelt, München ⁵1965, 504–527, hier S. 524.

[29] Klingner, S. 520, 523–525, 527. Seine Argumentation beruht vor allem auf der Annahme, in „Tacitus' Verhalten zu den Eroberern" zeige sich der gleiche Zwiespalt wie in seinem "Nachdenken über das innere Leben Roms" (S. 525).

[30] Die führende Stellung des Caratacus geht u. a. aus folgenden Angaben hervor: *nobilitas et fortuna; claris maioribus ortum; fama; celebrabatur; ne ... ignobilem* (12,36 f.). Cassius Dio berichtet (61,33,3c), daß sich der britannische Fürst nach seiner Begnadigung in Rom umschaute. Als er die Pracht und Größe der Stadt sah, soll er ausgerufen haben: „Εἶτα ταῦτα καὶ τὰ τοιαῦτα κεκτημένοι τῶν σκηνιδίων ἡμῶν ἐπιθυμεῖτε;" Koestermann bemerkt hierzu (ann. 12,36,3): „Der Imperialist Tacitus hat es anscheinend nicht für notwendig gehalten, auf diesen abwegigen Gedanken einzugehen."

deratio; dieses Stichwort gebraucht Caratacus gleich im ersten Satz seiner kurzen Rede (37,1). Maßlosigkeit ist es, was alle Barbaren bei ihren Angriffen und ihrem Widerstand gegen die römische Herrschaft auszeichnet,[31] den orientalischen Despoten Mithridates (Iust. 37,1,7; 4,5; besonders aber die berühmte Rede 38,4–7), den grausamen Critognatus bei Cäsar (Gall. 7,77,2), den Calgacus, dem Edelmaier[32] außerdem Starrsinn und Unbeherrschtheit attestiert, aber auch Boiocalus, über den sich Avitus so sehr erregt. Ihr steht die *maiestas populi Romani*, das „Größersein" der Römer, gegenüber.[33] Den gottgewollten Herren der Welt hat man sich als kulturell und sittlich tieferstehender „Wilder"[34] widerspruchslos zu beugen.

Es ist hier leider nicht mehr der Ort, das Verhältnis des Tacitus zu den Germanen und Britanniern eingehender zu untersuchen. Deshalb genüge ein Verweis auf Gerold Walser, der feststellt, daß die Barbaren für die Römer der frühen Kaiserzeit insgesamt als primitive, unterlegene und minderwertige Menschenklasse galten,[35] so wie das einst Aristoteles bereits für Griechen und Barbaren dargestellt hatte (pol. 1252 b 8 f.): „βαρβάρων δ' Ἕλληνας ἄρχειν εἰκός", ὡς ταὐτὸ φύσει βάρβαρον καὶ δοῦλον ὄν.

Daß es auch von daher entgegen der Koestermannschen Auffassung (vgl. oben S. 60) höchst zweifelhaft ist, ob Tacitus mit Barbaren wie den Ampsivariern oder Britanniern Mitleid empfand, braucht nicht mehr besonders betont zu werden. Wolf Steidle hat die gegensätzliche Position überzeugend in seinem Aufsatz „Tacitusprobleme"[36] vertreten. Wir verlieren dabei zwar den Tacitus, der „das Abscheuliche der Eroberung tief empfunden haben (muß)"[37], dafür gewinnen wir aber einen Historiker, der sich nüchtern – nicht verzweifelt und nicht ratlos – der Tatsache stellt, daß Herrschaft der einen notgedrungen Unterwerfung der anderen bedeutet. Die Frage seiner Einstellung zum Prinzipat ist unabhängig davon zu beantworten.

---

[31] Als sich die Britannier gegen die römischen Angriffe unter Agricola wehren, wird dieses Verhalten von Tacitus als *adrogantia* bezeichnet (Agr. 27,2): *At Britanni ... nihil ex adrogantia remittere, quo minus iuventutem armarent, coniuges ac liberos in loca tuta transferrent, coetibus ac sacrificiis conspirationem civitatum sancirent*. Der römische Feldherr Petilius Cerialis macht während des Bataveraufstandes den Treviren und Lingonen klar, in der gegebenen historischen Situation stelle sich nur die Alternative „*obsequium cum securitate*" oder „*contumacia cum pernicie*" (hist. 4,74,4).

[32] W. Edelmaier: Tacitus und die Gegner Roms, Diss. Heidelberg 1964, S. 30. Man kann dem Autor hierbei noch folgen; später (S. 49) werden dann „grausamste Antinomien" dazu benutzt, Tacitus' „gebrochenes Fühlen" nachzuweisen.

[33] Volkmann, S. 13 (vgl. Anm. 25).

[34] Die kennzeichnende Eigenschaft unzivilisierter Stämme ist *feritas/ferocia*; in ihr erschöpft sich sehr oft barbarische *virtus*. Vgl. dazu etwa R. Feger: Virtus bei Tacitus, Würzb. Jb. 3, 1948, 301–315, hier S. 308; H. Haas: Virtus Tacitea, Gymnasium 49, 1938, 163–180, hier S. 174; V. Buchheit: Gesittung durch Belehrung und Eroberung, Würzb. Jb. N.F. 7, 1981, 183–208, vor allem S. 195 ff. Auch dort wird auf Alexander den Großen verwiesen.

[35] G. Walser: Rom, das Reich und die fremden Völker in der Geschichtsschreibung der frühen Kaiserzeit. Studien zur Glaubwürdigkeit des Tacitus. Basel/Baden-Baden 1951 (= Basler Beiträge zur Geschichtswissenschaft 37), S. 71, 105, 160. Vgl. auch R. Feger: Cicero und die Zerstörung Korinths, Hermes 80, 1952, 436–456, vor allem S. 443, 451.

[36] W. Steidle: Tacitusprobleme, MusHelv 22, 1965, 81–114, hier S. 113 f.

[37] Klingner, S. 523 (vgl. Anm. 28).

Otto Schönberger

Zwei Bedingungssätze

Die griechische Grammatik ermöglicht mit ihrer feinen Systematik eine wirkungsvolle Hinführung zum Nachdenken über die Funktion von Sprache. Ein gutes Beispiel dafür ist die ausgearbeitete Differenzierung der Spielarten der Bedingungssätze. Und doch bildet dieses System, wie man sehen wird, nur eine grundsätzliche Einteilung, die im Einzelfall Interpretation verlangt.

Ursprünglich ist der Wenn-Satz wohl eine Form von Handel und Verhandlung („wenn du mir dies gibst oder zugestehst, gebe oder tue ich jenes"[1]), schließlich auch im Gebet, einer Form der Verhandlung mit den Göttern.[2] Der Bogen „Wenn – dann" erhielt dabei eine magische, bindende Kraft, so im ersten Bedingungssatz der europäischen Literatur, dem Gebet des Priesters Chryses an Apollon,[3] der den Gott um Hilfe bittet, „wenn er ihm früher Opfer gebracht habe"[4]. Auch sonst wird der Wenn-Satz in Gebeten zur Beschwörungsform(el), die den Gott an einstige Hilfe erinnert und daraus die Notwendigkeit für ihn ableitet, sich treu zu bleiben und auch jetzt beizustehen. „Wenn du früher meinen Ruf hörtest und halfst", betet Sappho zu Aphrodite, „dann leiste mir auch jetzt Beistand".[5]

Wenn-Sätze wurden später in allen Fallformen in der Redekunst angewandt; so beginnt Cicero nicht weniger als elf seiner Reden mit einem *si*-Satz.[6] Oft leiten solche Wenn-Sätze ausladende Perioden ein, die an die architektonische Kraft des Autors hohe Anforderungen stellen, da der Satz Gedankendichte, Übersichtlichkeit, Ordnung auf ein Ziel und Spannung zugleich besitzen muß. Die beiden Teile der Periode müssen sich „wie Satz und Gegensatz ..., gespannte Erwartung und Befriedigung gegenseitig fordern und ergänzen"[7]. Der erste Teil muß auf den zweiten als seine wesentliche Ergänzung hindeuten und ein befriedigendes Verständnis erst mit dem Schluß des Ganzen möglich werden.[8] Menge verlangt, „daß der Hauptsatz nicht zu kurz gegen den Vordersatz sei"[9].

---

[1] In der Volkssprache war *si* zu allen Zeiten lebendig.
[2] Vgl. das archaisierende Gebet bei Livius 10, 19, 17: *Bellona, si hodie nobis victoriam duis, ast ego templum tibi voveo.*
[3] Homer, Ilias 1,37 f.; das Gebet enthält das auch sonst typische Eingangselement der Erinnerung an die Aretai des Gottes, die letzten Endes selbst wieder einen Wenn-Satz ersetzen könnte („wenn du so hilfreich bist oder warst, dann ...").
[4] Diese Art paßt nicht in unsere grammatischen „Fälle", weil sie eigentlich nicht fall-setzend ist (da der „Fall" des Kultes ja als schon eingetreten dargestellt ist); man könnte von „magisch zwingendem Fall" sprechen.
[5] Sappho 1,5; es geht um die Errichtung einer Systematik der Verpflichtung aus vorangegangenen Handlungen („Präzedenzfälle").
[6] Darüber spottete man auch; so zitiert C. Julius Weber in seinem „Demokritos" (Frankfurt o.J.; 8,56) über Cicero das Versehen: „Als er einst auf dem Rednerstuhl stand / und den passenden Eingang nicht fand, / so kam ihm plötzlich das Niesen an, / worauf er sogleich mit Etsi begann."
[7] Menge, Repetitorium, 10. Aufl., 541,2.
[8] Menge, Repetitorium 541,2; vgl. auch 3a. [9] Repetitorium 541, 3d.

Gerade aber zwei lange *si*-Sätze mit sehr kurzem Hauptsatz sind nun zu betrachten; hier entsteht durch die eindringliche, kurze Satz-Gipfelung nach langer Vorbereitung eine besondere Art der Klimax, die nicht nur ein „äußerliches" Stilphänomen darstellt, sondern, wenn man so sagen darf, auf eine „existentielle" Tiefenstruktur hinweist.

Der Stoiker Balbus spricht in Ciceros Werk „Vom Wesen der Götter" (2,94 f.) von der Dummheit der Epikureer, die den Logos in der Welt nicht erkennen und eine Entstehung des Alls ohne göttlichen Plan vermuten. Dabei zitiert er einen Beweis des Aristoteles für die Götter als Urheber des Alls in Form einer langen hypothetischen Periode (95); es ist eine Art von „Höhlengleichnis", das freilich vom platonischen sehr verschieden ist.

Wenn, sagt er, unterirdisch Menschen lebten in schönen Wohnungen, geschmückt mit Statuen und Gemälden (die Ersatz für den Anblick der wahren Welt und bereits Anlaß zum Nachdenken über ihren Abbildcharakter böten),[10] und sie alles hätten, was Leute haben, die als glücklich gelten,[11] sie aber[12] von göttlichem Wesen *(numen)* und seiner Wirkungsmacht *(vis)* gehört hätten[13] und nun irgendwann, wenn die Erde aufklaffte,[14] aus ihren verlassenen Sitzen zur Erdoberfläche heraufkämen[15] und plötzlich[16] Erde, Meere, Wolken, Winde kennengelernt hätten, besonders aber die Größe, Schönheit und Wirkungsmacht der Sonne,[17] und wenn sie dann in der Nacht[18] den Sternenhimmel, den Mond mit seinen Phasen und die ewigen Bahnen der Gestirne sähen – ja, dann würden sie wahrlich glauben, daß Götter existieren und diese gewaltigen Werke die Schöpfung von Göttern sind.[19]

---

[10] Es muß dort also schon eine Art von Licht geben.

[11] Aristoteles distanziert sich vom gängigen „Glücks"-Begriff, der ihm sicher zu oberflächlich ist. Vgl. die „Korrektur" des Eudaimonia-Begriffs in Eth. Nic. I.

[12] „Aber" weist vorerst darauf hin, daß es erstaunlich ist, wenn in solche Abgeschiedenheit „irgendwie" eine Kunde von Göttern drang; zugleich drückt es vielleicht (?) aus, daß den Eingeschlossenen etwas fehlt.

[13] *Fama et auditio* könnte φήμη und ἀκοή sein (auch ἀκοαί λόγων), doch kann auch die übliche Übersetzungsverdoppelung im Latein vorliegen.

[14] *Patefactis terrae faucibus* erinnert an Schilderungen von Erdbeben oder Katastrophen.

[15] *Evadere* und *exire* deuten an, daß die Menschen aus einer Art von Gefangenschaft befreit werden und nun emporsteigen „können" *(potuissent)*, was sie zuvor nicht vermochten.

[16] *Repente* unterstreicht den Charakter des Vorganges als Offenbarung, Erleuchtung, die plötzlich einbricht, wobei mit „plötzlich" von der objektiven Schnelligkeit des Vorganges, mit „überraschend" von dem subjektiven Erleben her zu übersetzen wäre. Die Überraschung erhöht die Wirkung des Anblicks. – *Cum* (zeitlich) ist hier gut gegen *si* (bedingend) abgesetzt.

[17] Größe und Schönheit gehören sozusagen zum Wesen *(numen)* der Sonne, die Wirkungsmacht *(efficientia)* zu ihrer Kraft *(vis)*; durch *cum–tum* wird steigernd angezeigt, daß der Erkenntnisvorgang bei der Sonne Vorstufe für die spätere Erkenntnis der Götter bildet: beidemale wird aus einer sinnlichen Wahrnehmung – abstrahierend – auf Wirkungsmacht geschlossen.

[18] *Opacare* ist (trotz Cic. de or. 1,28) nicht poetisch; es ist auch bei Plinius und Columella gebraucht. – *In omni aeternitate*: hier steht nicht der Akkusativ, wie man erwartet („für alle Ewigkeit"), weil es in der Ewigkeit weder Vergangenheit noch Zukunft gibt.

[19] *Cum viderent: cum* ersetzt nicht *si*, sondern bedeutet, daß die sinnliche Wahrnehmung nahezu zeitgleich mit der abgeleiteten Erkenntnis ist; *viderent*, nicht *vidissent,* weil sie den Anblick länger genießen und auch die Erkenntnis von Dauer ist; es geht weniger um die Vorzeitigkeit der Erfahrung vor der Erkenntnis als um den Zustand des Erfahrenden als Vorbedingung der Einsicht. – *Profecto* unterstreicht die subjektive Sicherheit des Aristoteles. – *Esse deos:* bezieht sich auf *numen, opera … esse* auf *vis (deorum)*.

Die Spannung des langen Satzes wird vom Anfang bis zum Ende durchgehalten, wobei die Häufung der Vorgänge in der Protasis die Beweiskraft der Apodosis steigert. Alles hängt von dem einzigen einleitenden „Wenn" ab, doch hält sich der Satz durch seine Struktur im Gleichgewicht, und der Leser wird keineswegs verwirrt.[20] Die vielen Konjunktive auf-*issent* betonen streng das Hypothetische des Vorgangs, dessen Konsequenz freilich nicht außer Zweifel stehen darf; gerade diese Folgerung soll durch den langen Bedingungssatz erzwungen werden. Eine Art von Zwang liegt also auch hier vor.

Vermutlich stammt die Struktur der Periode schon von Aristoteles;[21] Cicero übersetzt offensichtlich. Wichtig ist noch die Feststellung, daß Aristoteles hier keine Rangstufung im Kosmos vornimmt (es sei denn, man faßte die Hervorhebung der himmlischen Körper als solche auf): alles dient durch Erscheinung und Wirkung der Erkenntnis, daß es Götter gibt; die Götter schufen ihre Werke und gaben ihnen Eigengesetzlichkeit und freies Wesen.

Augustinus will in seiner berühmten „Vision von Ostia" (Confessiones 9,10,23 ff.) zeigen, daß die Seele durch Befreiung von der Außenwelt und Versenkung in sich selbst Gott erkennen, ja erfassen kann. Dabei erinnert er sich vermutlich an eine Stelle bei Plotin (Enneaden 5,1,2 f.), wo dieser der Seele darlegt, daß sie dieselbe Natur besitzt wie die Weltseele, das göttliche Wesen, das dem Kosmos Leben und Schönheit verleiht, und sie diese Erkenntnis durch Befreiung vom Äußerlichen und durch Betrachtung gewinnt. Auch Plotin bietet eine Steigerung durch eine Reihe von Imperativen (die Seele soll „bedenken", „erwägen", „betrachten"), die in einer großzügig aufgebauten Vorbereitung auf einen ebenfalls kurzen Satz-Gipfel hinzielen („so kommt die Seele in den Körper"). Augustinus kannte Plotin in lateinischer Übersetzung und steht inhaltlich sicher zum Teil unter seinem Einfluß.

An der hier zu besprechenden Stelle seiner „Bekenntnisse" aber scheint er neben Plotin auch Cicero/Aristoteles (besonders im Formalen, zum Teil aber auch inhaltlich) zu verwenden. Augustinus kannte Ciceros Werk „Über das Wesen der Götter" gut,[22] hatte unseren schönen Satz sicher im Gedächtnis und hat bei Vorliegen einer ähnlichen Gedankenspannung und ähnlichem Inhalt – es geht um den Gewinn der Seligkeit durch Gotteserkenntnis – die ciceronische Form nachgeahmt und überhöht.

---

[20] Genaue Sinngliederung durch *si – nec tamen – autem – deinde – atque – cum* etc. – 1. Akt: *si* ...; 2. Akt: *deinde* ...; 3. Akt: *cum repente* ...; Schluß: *profecto* ... – Auch die differenzierte Wortwahl vermittelt Orientierung; vgl. *vidissent, aspexissent* (sinnliche Wahrnehmung) gegenüber *cognovissent* (geistige Erkenntnis). – Ob die Alliteration *omnium ortus et occasus atque in omni* Absicht ist?

[21] Die Stelle selbst ist bei Aristoteles nicht erhalten, doch zitiert Sextus Empiricus aus Aristoteles (9,22): „Weil sie am Tage die Sonne und nachts die wohlgeordnete Bewegung der anderen Gestirne beobachteten, schlossen sie daraus, es gebe einen Gott, der Urheber solcher Bewegung und Ordnung sei" (frg. 14 Rose², aus „Über die Philosophie").

[22] Vgl. z. B. das Zitat De civ. dei 5,9; wichtig auch die Benutzung von nat. deor. 2,133–162 in De civ. dei 22,24. – Vgl. insgesamt M. Testard: S. Augustine et Cicéron, 2 Bde., Paris 1958, und H. Hagendahl: Augustinus and the Latin Classics, 2 Bde., Göteborg 1967; beide Autoren erwähnen unsere Parallele nicht.

Er berichtet in den Confessiones (9, 10, 23), wie er mit seiner Mutter in Ostia, der Welt entrückt, über das Leben der Heiligen Gottes in Jenseits und Ewigkeit sprach, und zwar „im Angesicht der Wahrheit", also vor Gott selbst. Die ungemeine Begierde nach Erkenntnis wird im Bild des Herzens dargestellt, dessen Mund nach dem Quell aus der Höhe lechzt. Und nun (24) erhebt sich[23] Augustinus stufenweise über das Irdische und die verschiedenen Seinsstufen, dorthin, wo die Weisheit ist, das Sein, die Ewigkeit, Gott.[24] Er findet Gott im eigenen Geist, den er freilich transzendiert.[25] Er und Monnica „berühren" kurz, „mit einem vollen Schlag des Herzens", die Ewigkeit, seufzen, im Innersten getroffen, und „ließen dort festgebunden die Erstlinge des Geistes"; dann kehren sie zu irdischer Rede zurück.[26]

Merkwürdigerweise wiederholt Augustinus nun (25) den ganzen Vorgang, was eine gewisse Doppelung ergibt, die man aber so verstehen kann, daß 10,24 das Erleben selbst, das „Rohmaterial", 25 die Abstraktion und Regelbildung daraus in künstlerisch geformter Darstellung bietet.[27]

Wenn, beginnt Augustinus, einem das Getöse der Sinnlichkeit schwiege,[28] ebenso die Scheinbilder der Elemente und des Himmels,[29] wenn die Seele nicht mehr an sich selbst dächte, sondern sich selbst transzendierte,[30] ihr die subjektiven und nur aus der Einbildung kommenden „Erkenntnisse" schwiegen,[31] auch Sprache und Zeichen[32] und alles

---

[23] Es ist dies das alte Bild vom „Aufstieg", durch das die Erhebung der Seele zu Höherem dargestellt wird (vgl. den Terminus Hypsos); vgl. zur ganzen Stelle P. Henry: La Vision d' Ostie, Paris 1938.

[24] Hier dient der Kosmos nicht mehr zum Beweis Gottes, sondern führt seine Größe vor Augen; letzten Endes könnte er sogar ein Hindernis auf dem Weg zu Gott sein. – Wenn durch Gott, der die Weisheit ist, alles entsteht, wird hier eine alte platonische Tugend auch Seinsgrund: ἀγαθόν und σοφία fallen zusammen.

[25] Platonisch gesprochen gelangt er an den „Platz jenseits der Seele".

[26] Die „Berührung" der ewigen Weisheit ist nicht nur geistige Erkenntnis; das ganze Wesen des Menschen, sein innerstes Ich ist betroffen. – Das Bild von den „Erstlingen des Geistes" (nach Röm. 8,23) könnte bedeuten, daß sie – wie Opfernde – die Erstlinge ihrer Herde als Opfer am Tempel festbinden und so ihre Verbindung zur Gottheit dokumentieren. – Augustinus erläutert selbst das Bild in De diversis quaestionibus LXXXIII, 67,6 *et bene dixit „primitias habentes spiritus", id est quorum iam spiritus tamquam sacrificium oblati sunt deo et divino caritatis igne comprehensi sunt. Hae sunt primitiae hominis, quia veritas primum spiritum nostrum obtinet, ut per hunc cetera comprehendantur.*

[27] Erläutert ist die Stelle bei K. Flasch: Augustin, Stuttgart 1980, S. 249 ff., 303 ff., der auf plotinische Grundlagen hinweist. – Augustinus gibt ein Resumée des von beiden Gesagten: *dicebamus*; in Wahrheit spricht nur er, vgl. 10,26 *dicebam.* – Durch *non isto modo et his verbis* (10,26) deutet er an, daß er sich der Besonderheit seiner Formung bewußt ist.

[28] „Schweigen" ist nicht akustische Stille, sondern völliges Zurücktreten der Dinge und Affekte; sie werden als vergänglich erkannt und existieren für den sich Versenkenden nicht mehr. Dieser Zustand ist Voraussetzung für die Erfahrung des Göttlichen. – Auch bei Plotin soll der erkennenden Seele der Körper „schweigen", die ganze Umgebung, Erde, Meer, Luft und Himmel.

[29] Alles Äußere tritt zurück; Schöpfung und Natur werden bedeutungslose „Vorstellungsbilder" ohne rechte Realität und Wesenheit; *poli* ist der Himmel, vgl. 24 *ipsum caelum, unde sol et luna et stellae lucent super terram.*

[30] Zumindest seit Augustinus gibt es den Begriff „Transzendenz"; hier bedeutet er auch das Sich-Hinwenden der Seele auf Gott.

[31] Zuerst wendet sich die Seele vom Äußerlich-Unwesentlichen ab; nun befreit sie sich vom Gaukelspiel, das aus ihr selbst kommt.

[32] „Sprache" scheint höher zu stehen; sind Dinge gemeint, die am Logos Anteil haben? *Omne signum:* Alles, was Sinnträger ist, ohne Sprache zu sein.

Flüchtige schwiege[33] – denn all dies sagt ja nur, daß es von Gott geschaffen sei[34] –, wenn, fährt Augustinus fort, die Schöpfung schweige, weil sie unser Ohr auf Gott gerichtet hat,[35] und Gott selbst zu uns spricht,[36] nicht durch die Stimme eines Engels, durch Donner oder undeutliches Gleichnis,[37] wenn er, den wir in der Schöpfung lieben, ohne diese zu uns redete,[38] so, wie wir uns eben „ausdehnten" und „gedankenschnell die ewige Weisheit berührten",[39] und wenn ein solcher Moment zur Ewigkeit und alles andere Schauen weggenommen würde,[40] wenn nur diese Vision allein den Schauenden ergriffe,[41] so daß die Ewigkeit wäre wie dieser Augenblick des Erkennens, bei dem wir aufseufzten[42] – ist es nicht dies: „Tritt ein in die Freude deines Herrn"?

Die Folge ist hier keine eigentliche Folgerung aus dem Wenn-Satz, sondern eine suggestive Frage, kein logisches Ergebnis, sondern ein Bibelzitat, das die eigentliche Apodosis ersetzt. Der Einbruch der existentiellen Erfahrung, das Fortschreiten hin zum Absoluten ist nur mehr in der Form biblischer Offenbarung auszudrücken.

---

[33] Gemeint ist alles Vergängliche, das im Entstehen schon das Schicksal des Vergehens in sich trägt.

[34] *Si quis audiat* meint etwa „wenn einer zu hören versteht"; er muß bereit sein, die eigentliche Botschaft der Schöpfung zu empfangen. Daher kommt auch die Paradoxie, daß die Dinge erst dann (richtig) reden, wenn sie „schweigen". Die Seele hat – auf dem Weg zur Versenkung in Gott – gelernt, daß die Welt letztlich un-wesentlich, abgeleitetes Gebilde und vergänglich ist. So sehr das Ganze einem kosmologischen Gottesbeweis ähnelt, so wenig ist es einer. – In *qui manet in aeternum* klingt schon der Gedanke der Ewigkeit Gottes an.

[35] *Erigere* ist kausativ; es bedeutet „weil sie ja schon ihre Aufgabe erfüllt und unsere Aufmerksamkeit auf den Schöpfer gelenkt hat" (J. Bernhart übersetzt falsch, ebenso Flasch, S. 251); daher heißt es anschließend *ut audiamus* (wir, nicht die Schöpfung). *Auditor erigatur* heißt eine Forderung der Rhetorik.

[36] *Loquatur* klingt erhabener als *dicat*.

[37] Nicht einmal der Engel bringt die eigentliche Botschaft. Unter *aenigma similitudinis* muß man wohl einen „unscharfen Analogieschluß" aus dem Kosmos auf Gott verstehen (vgl. aber 1. Cor. 13,12); antike Philosophie wird abgelehnt.

[38] Stilisierung: *ipsum, quem in his amamus, ipsum sine his audiamus*. – Der Christ soll auch die Schöpfung lieben.

[39] *Extendere* wohl nicht nur als „sich strecken", sondern auch ganz räumlich zu fassen. – „Gedankenschnell" zeigt, wie rasch die Kommunikation mit Gott erfolgen kann. – Das „Berühren" Gottes ist ein aristotelisches Element in dieser Plotin-Rezeption. Denn für Aristoteles ist die höchste Erkenntnis nicht-diskursiv, nicht-sprachlich (Flasch, S. 252); immerhin aber kann man bei Aristoteles von Erkenntnis sprechen, während bei Augustinus *attingere* auf ein Transzendieren der Erkenntnis zu deuten scheint. Zum Inhalt vgl. Conf. 7,17,23f.; zu *attingere* vgl. Sermo 117,3,5, wo zwischen *attingere* und *comprehendere* unterschieden wird. Letzteres sei Menschen *omnino impossibile*, während *attingere* möglich sei und zu *magna beatitudo* führe. – Die „ewige Weisheit" ist der unbewegte, unveränderte, unvergängliche Beweger des Aristoteles ebenso wie das platonische Agathon und *id ipsum* des Augustinus.

[40] Es ist also auch eine Vision, Schau, doch keine der sonstigen, irdischen Art, die ganz anders ist; diese soll „weggenommen" werden, die Seele darf nur Gott schauen. „Das Wegnehmen jedes Einzelnen führt zum Sehen des Allumfassenden" (Flasch, S. 303).

[41] Wachsende Glieder, steigernd: hinraffen, verschlingen (wie von saugendem Strudel), in tiefinnere Wonne versenken (und bergen). Gott kommt also ins tiefste Innere der Seele. – Zuerst kommt ein Hör-Erlebnis, dann ein taktiles Erlebnis, dann ein Seh-Erlebnis (*spectatorem*), eine wort-lose Erkenntnis; „es ist ... eine Kontemplation nach dem philosophischen Schema Außenwelt – Seele – Gott" (Flasch, S. 252). Auch J. Bernhart: Augustinus, Confessiones, München 1959, S. 890 Anm. 24 weist auf die plotinische Färbung hin; bei Plotin vollzieht sich der Aufstieg der Seele „in der sittlich reinigenden, zum Letzten und Höchsten sich erhebenden Theoria".

[42] *Ut talis sit:* kein echter Folgesatz, sondern etwa innere Folgerung: „das ewige Leben muß so etwa sein wie dieser kurze Augenblick". – *Suspiravimus* weist auf *et suspiravimus* (24) zurück; das Glück ist nicht mehr in Worten faßbar.

Augustins Mutter war nach dieser Rede überzeugt, daß er nun irdisches Glück verachte und ein echter Christ geworden sei; letzten Endes war die große Periode also ein „Bekenntnis".

Bei noch so kunstvollem Bau ist Augustins Periode etwas flacher geformt als die ciceronische;[43] bei ihm müssen auch die Konjunktive der Verben zur Strukturierung helfen. Gemeinsam ist beiden Stellen der Formwille, gemeinsam auch die angestrebte Gesetzmäßigkeit des geistigen Vorgangs der Gotteserkenntnis, mögen die Einzelheiten noch so verschieden sein.

Sonst findet man gewaltige Unterschiede. Aristoteles/Cicero schildert im *si*-Satz die Voraussetzung, die Götter zwingend beweisbar macht. Augustinus schildert eigentlich nur formal eine Vorbedingung der Erkenntnis Gottes; Gott ist für ihn von vornherein vorhanden. Auch zielt Augustinus letztlich auf das Ergebnis der Gotteserkenntnis: die Seligkeit.

Bei Aristoteles endet die Periode mit einer Erkenntnis, bei Augustinus mit einem Gotteswort. Auch die Modi sind verschieden: Aristoteles/Cicero verwendet den klaren Irrealis einer echten Fall-Setzung, einer Hypo-thesis mit Folgerung; bei Augustinus liegt keine Fallsetzung im eigentlichen Sinne vor, sondern eine Prognose, weshalb er auch den Konjunktiv Präsens, sozusagen den „Futuralis", verwendet.

Ziel des Aristoteles ist eine mögliche Erkenntnis; Augustinus steuert von Anfang an ein vorbestimmtes Ziel, Seligkeit durch Gotteserkenntnis, an. Seine „Folgerung" ist ein Zitat aus dem Neuen Testament; es bedarf irdischer Logik nicht mehr, Gottes Wort ist an ihre Stelle getreten.

Aristoteles zeigt Gedankenkraft, zwingende Logik und verhaltene innere Teilnahme; Augustinus schreibt mit Innerlichkeit, Inbrunst und Wärme. Seine Gotteserkenntnis steht auf anderer, höherer Stufe; Gott redet nicht mehr durch die Dinge *(non per ea)*, sondern durch sich selbst *(sed per se ipsum)*. Aristoteles gewinnt aus dem Kosmos die Erkenntnis Gottes; bei Augustinus sollen die Eindrücke des Kosmos „schweigen", um Platz zu machen für die neue Dimension: Erkenntnis Gottes aus und durch sich selbst.

---

[43] Es sind eigentlich mehrere Akte: a) Kleinere Periode *(si cui sileat ... si cui sileat omnino)*; b) *quoniam si quis audiat ...*; c) *si iam taceant ...* (Wiederaufnahme des Endes von a); d) *si continuetur hoc ...*; e) *nonne hoc est ...?* – Für Anregung und höchst sachkundige Hilfe danke ich herzlich Herrn G. O'Daly, Würzburg.

Raimund Pfister

Wie humanistisch ist die lateinische Schulgrammatik?

Wer wie der Adressat dieser Festschrift unter seinen Buchveröffentlichungen auch eine lateinische Schulgrammatik zu verzeichnen hat, wird feststellen können, daß dieses Buch, wenn man die Rezeption eines Werkes nach den Verkaufsziffern bemißt, zum erfolgreichsten wird. Auch was die Intensität und Dauer der Benützung betrifft, steht die lateinische Schulgrammatik – von Atlanten abgesehen – an der Spitze aller Schulbücher; die übliche Verschmutzung und Zerfledderung bestätigt die wirksame Rezeption. Besonders für das alte humanistische Gymnasium mit der deutsch-lateinischen Übersetzung in der Reifeprüfung war die lateinische Grammatik das kennzeichnendste und manchmal auch meistgehaßte Buch. So bietet sich im Rahmen des Gesamtthemas dieser Festschrift die Frage an, ob und wieweit die lateinische Schulgrammatik ein humanistisches Buch ist. Dabei soll auf eine Diskussion des schillernden Begriffs des Humanismus nicht eingegangen werden; es soll darunter alles verstanden werden, was man mit diesem Begriff an Vorstellungen verbunden hat.

Faßt man den Humanismus als Pflege des antiken Erbes auf, so kann man hier mit Dionysios Thrax beginnen, der wie Klopstock nach den Worten Lessings mehr gelobt als gelesen wird. Wilamowitz wollte ihn in seinem Griechischen Lesebuch auch Schülern zugänglich machen und stellte seine humanistische Bedeutung heraus (S. 382 ff.): „Jedes Kind, das in seiner Muttersprache die Redeteile und die Wortformen unterscheiden lernt, tritt damit unter die Zucht der griechischen Grammatik. ... (Dionysios) war Alexandriner und gab was die Meister der griechischen Grammatik dort erarbeitet hatten, und das war etwas Großes, und dessen Verarbeitung für die Schule ist durch ihre Folgen zu etwas Großem geworden, vergleichbar der Wirkung von Euklids Elementen. ... eben durch die Trivialisierung ist die alexandrinische Grammatik bis auf diesen Tag an der Erziehung der Menschheit hervorragend beteiligt und wird es voraussichtlich immer bleiben." Der Vergleich mit Euklid hinkt etwas; dieser wurde unmittelbar rezipiert, so daß schließlich im Englischen Euclid zum Appellativ für Geometrie wurde, wogegen die Elementargrammatik nach Donat benannt wurde. Dionysios als Schullektüre wird heute niemand empfehlen. Doch war es sehr zu begrüßen, daß Johannes Kaiser in seiner Griechischen Formenlehre (1933) dessen Termini, soweit vorhanden, in Klammern beigefügt und damit das griechische Erbe aufgezeigt hat.

Europäisch wurde dieses Erbe auf dem Weg über die lateinische Grammatik. Die nur sehr lückenhaft überlieferte Entstehung der römischen Grammatik ist hier nicht zu behandeln. Varros De lingua Latina enthält Abhandlungen über Analogie und Anomalie und hat wenig mit einer Schulgrammatik im heutigen Sinn zu tun. Quintilian sei vor allem deshalb zitiert, weil hier zu sehen ist, was die lateinische Grammatik durch 2000 Jahre begleitet: überschwengliches Lob und tiefe Verachtung. Er charakterisiert (inst. I 4,5) die *ars grammatices* (die freilich mehr als unser Grammatikbuch ist) gegen ihre Verächter, *qui hanc artem, ut tenuem ac ieiunam, cavillantur,* als *necessaria pueris, iucunda senibus, dulcis secretorum comes,* also als ein wahrhaft humanistisches Gut, dessen Aneignung geradezu der Einweihung in Mysterien gleichkommt: *quia interiora velut sacri huius adeuntibus apparebit multa rerum subtilitas, quae non modo acuere ingenia puerilia, sed exercere altissimam quoque eruditionem ac scientiam possit.* Freilich sind die speziell grammatischen Ausführungen Quintilians für uns kaum schulgeeignet, und wohl nicht zu Unrecht wurden zumeist nur dem 10. Buch die Tore zum Gymnasium geöffnet. Im Mittelalter spielte er nicht die Rolle, die ihm im dtv-Lexikon der Antike zugeschrieben wird; seine große Zeit kam erst nach dem Handschriftenfund Poggios in St. Gallen (1414).

Für unser Thema ist neben Priscian (6. Jh. n. Chr.) vor allem Aelius Donatus (4. Jh. n. Chr.) zu nennen. Seine Ars minor mit der teilweise in diese eingearbeiteten Ars maior war im Mittelalter und noch länger die meistgebrauchte Schulgrammatik. Donat stellt für die Rezeptionsgeschichte antiker Bücher einen Extremfall dar. Aus dem Mittelalter sind von seiner Ars minor etwa 500 Manuskripte überliefert. Schon vor der Erfindung der Buchdruckerkunst wurden Holztafeldrucke hergestellt, und zur Zeit der Inkunabeln war sie eines der meistgedruckten Bücher. Noch bis weit in die Neuzeit hinein war ein Student ohne seinen Donat nicht denkbar. Heute ist die letzte Ausgabe der ältesten Textform die aus dem Jahre 1864 in der großen Sammlung von Keil (nachgedruckt 1961). Vor allem unter buchgeschichtlichen Gesichtspunkten erfolgte Nachdrucke der endmittelalterlichen Textform an entlegenen Stellen sind für die Arbeit des Latinisten nicht brauchbar. In diesem Jahrhundert ist niemand mehr in einen Buchladen gegangen und mit einem Donat unter dem Arm nach Hause zurückgekehrt; die Sammlung von Keil steht wohl kaum auf einem Privatschreibtisch. Der Rezeptionsverfall von einem der bekanntesten zu einem der am wenigsten bekannten Texte des Altertums ist enorm. Die Unkenntnis über das, was bei Donat steht, ist selbst bei Fachleuten weit verbreitet.

Es wäre ein arger Irrtum, unsere Schulgrammatik mit ihrer Fülle von latinisierenden Termini für einen Abklatsch der römischen Grammatik zu halten. Das trifft nicht einmal für das jetzt in allen Schulgrammatiken übereinstimmende Kästchenwerk der Verbalformentabellen zu. Das Futurum exactum als Indikativ ist eine Schöpfung des Engländers Thomas Linacer (1523); bei Donat war es ein Konjunktiv Futur. Mit den beiden Reihen von je fünf Optativen und Konjunktiven (Subjunktiven) quälten sich bis in die Neuzeit hinein die Schüler unnötig ab. Vor allem fehlte bei Donat die Syntax, die bei Priscian nur in schwachen Anfängen erscheint. Die antike Grammatik kannte keine spezielle Lehre vom Gebrauch der Kasus oder der Modi oder der Unterordnung. Sie unterschied nicht direkte und indirekte Fragesätze, nicht koordinierende und subordinierende Konjunktionen (das geht bis in das 18. Jh.). Man hat mit Recht gesagt, daß sich (auch wenn man von der modernen Linguistik absieht) in den letzten zweihundert Jahren in der sog. traditionellen Lateingrammatik mehr geändert hat als in den vorausgehenden zweitausend Jahren. Hierher gehört vor allem die Einführung einer Satzgliedlehre nach dem Vorgang der französischen Grammatik seit etwa 1770. Von Subjekt, Objekt und Prädikat oder der Consecutio temporum steht bei Donat nichts. Auf den Donat folgte im Hochmittelalter neben dem Priscianus minor das Studium des Doctrinale des Alexander von Villa Dei (um 1200), das für die Rektionslehre von lange nachwirkender Bedeutung war. Für weitere Einzelheiten zum antiken Erbe in der Lateingrammatik, deren Geschichte noch geschrieben werden muß, ist hier kein Raum. Jedenfalls ist unsere Schulgrammatik in weit geringerem Maße antik, als in der Regel sowohl ihre humanistischen Freunde als auch ihre antihumanistischen Gegner vermuten.

Versteht man unter Humanismus die Geisteshaltung der Humanisten der angehenden Neuzeit, so könnte es in Hinblick auf ihre z.T. erbitterten Invektiven gegen die Grammatik als abwegig erscheinen, ein Grammatikbuch als humanistisch zu charakterisieren. Aber es ging hier hauptsächlich um die pädagogische Frage nach dem rechten Betrieb der Grammatik, die als Teil des Triviums in personifizierender Darstellung gewöhnlich als eine Frau mit Rute dargestellt wurde, was nicht nur symbolisch zu verstehen war. Am bekanntesten ist der Angriff Lorenzo Vallas gegen das mittelalterliche Latein und den Lateinbetrieb in seinen Elegantiae linguae Latinae (ca. 1444). Aber er kümmerte sich weniger um die grammatische Theorie und deren Begriffsapparat als um die Barbarismen in der Sprache und den Beispielen der Grammatiker. Eine neue Grammatik hat er nicht geschaffen.

Als erste „humanistische" Grammatik gelten die Regulae grammaticales des Guarino aus Verona (etwa 1418, gedruckt 1470), andere (Tusculum-Lexikon) schreiben diesen Ruhm seinem Schüler Niccolò Perotti mit seinen Rudimenta grammatices von 1468 (gedruckt 1473) zu, die in verschiedenen Drucken in Europa bis zum Ende des 16. Jh. verbreitet waren. Die Grammatik der Humanisten hat man auf den Nenner „Evolution, nicht Revolution" gebracht. Ihr Bestreben war es, die Grammatik für den Schüler zu erleichtern. Der Donat spielte zunächst weiter seine Rolle; die bei ihm fehlende Rektionslehre wurde von Guarino und Perotti neu dargestellt, um das schwer verständliche Doctrinale Alexanders zu ersetzen. Über Bord geworfen wurde die scholastische Sprachlogik der spekulativen Grammatik mit ihren Termini. Ihr ging es mit ihren Modi significandi um die Art und Weise, mit der die Sprache die Welt widerspiegelt. Auch die aus der Dialektik stammenden Begriffe Subjekt und Prädikat, die in der Grammatik des Mittelalters unter anderen Termini bereits aufgenommen waren, gingen weitgehend verloren. Vom Standpunkt des Mediävisten, aber auch des modernen Linguisten aus gesehen könnte man sagen, daß die Grammatik an theoretischer Qualität wesentlich eingebüßt hat. Der Blick der Humanisten richtete sich mehr auf den Usus als auf die Ratio in der Sprache.

Dem Genius loci dieser Festschrift zuliebe sei eine Schulgrammatik der Humanistenzeit ausführlicher vorgestellt: Ioannes Aventinus (vulgo Turmair de Abensberg dictus), Grammatica omnium utilissima et brevissima: mirabili ordine composita. Das Buch ist die erste lateinische Schulgrammatik, die in München verfaßt wurde. Aventinus schuf sie zunächst für seinen Lateinunterricht am Fürstenhof des jungen Herzogs Wilhelm IV., also wohl im Alten Hof unfern des heutigen Kultusministeriums. Die Zielsetzung sagt das Vorwort aus dem Jahre 1511: *Quamvis multa variaque a doctissimis ad instituendos pueros rudesque conscripta sint, nullus tamen adhuc mihi quidem satis facit omnino, quandoquidem complura quam quae facile a pueris et rudibus percipi queant, tradunt et quae etiam melius auctoritate ac imitatione quam praeceptis discunt aut solidiori aetati reservanda forent. Multitudine enim ingenia obruunt: dum nihil praetermittendum censent, a studio grammaticae deterrent et (expertus loquor) in desperationem deducunt.*

Diese Worte kann sich auch heute noch ein Schulgrammatiker zu Herzen nehmen. Die Kurzgrammatik mit 87 Seiten unterscheidet sich freilich erheblich von unseren Kurzgrammatiken, da die Satzgliedlehre und die Nebensatzlehre noch fehlen. Die Syntax ist im wesentlichen mittelalterlich. Die Rolle der Satzgliedlehre wird vertreten durch die Konstruktionsordnung mit dem Verb als Mittelpunkt. Subjekt ist der Nominativ, den das Verbum *ante se regit*, Prädikatsnomen und auch Prädikativum *(vivo iustus)* der Nominativ, den das Verbum *post se regit*. Diese mittelalterliche Methode lebt bis in das 18. Jh. fort. Beim AcI heißt es einfach: *Infinitivus regit ante se accusativum*. Mit dem *ante se* ist zugleich die Subjektrolle des Akkusativs ausgedrückt. Damit erscheint unsere Schulgrammatik auf den Kopf gestellt, wenn sie sich bemüht, den Akkusativ als (ursprüngliches) Objekt des finiten Verbs zu erklären. Aber deskriptiv ist es richtig und hat jahrhundertelang funktioniert. Aventin fügt hinzu: *ubi in Teutonico est* Daß ich usw. Er verwendet also (nach italienischem Vorbild, wie er sagt) auch die Muttersprache, nicht nur zur Übersetzung von Wörtern (womit er uns einen amüsanten Einblick in das Bairische der damaligen Zeit bietet), sondern auch, um sich umständliche und schwerverständliche lateinische Definitionen zu ersparen. So heißt es beim Gerundium und dem davon terminologisch nicht geschiedenen Gerundiv einfach: *Vertitur per* zu. *Vertitur etiam per* man sol etc., es muß, es soll, es ist zu. Ein kommentierter Nachdruck der Grammatik, der, wie ich gehört habe, geplant ist, ist sehr zu begrüßen. Er könnte dem Grammatiklehrer helfen, die Grammatik als etwas historisch Gewordenes zu verstehen und einen Blickpunkt zu gewinnen, der außerhalb der Grammatik liegt, mit der er zu unterrichten hat.

Was Aventinus in seinem (11 Zeilen langen) Titel unter *mirabili ordine composita* versteht und als Neuheit in Anspruch nimmt, ist das durch den Buchdruck ermöglichte benützerfreundliche Satzbild, das heute für eine Schulgrammatik unabdingbar ist. Wer einen Blick in nur kurz vorher gedruckte Donatausgaben wirft, die mit ihrer schwer lesbaren Fraktur und ihren fortlaufenden Zeilen höchst unübersichtlich sind, sieht auf den ersten Blick, welchen Dienst der humane Aventinus durch Überschriften, Seitentitel, differenzierte Spatien, Kolumnen, Klammern, zweckmäßigen Umbruch und die Antiquaschrift seinen Schülern geleistet hat. Verständige Drucker haben sich weiter um eine Verbesserung des lerngerechten Satzbildes bemüht; benützt wurde hier eine Ausgabe in der Münchner Staatsbibliothek aus dem Jahre 1515, gedruckt in Nürnberg von Johannes Stuchs.

Von dem Streben nach größtmöglicher Erleichterung für den Schüler ist nichts zu bemerken beim Wortschatz. Obwohl das Lernziel ist, nach knapp einem Jahr des Elementarunterrichtes Cicero oder einen anderen erstklassigen Autor zu lesen, ist der Wortschatz nicht, wie es heute üblich ist, nach der Wichtigkeit für die Lektüre ausgewählt. Denn Ziel ist auch, wie das Nachwort sagt: *Ut et facile latine et eleganter pueri discant loqui.*

Irreführend wäre es, wollte man für den eiligen Leser eine Zusammenfassung etwa folgender Art geben: Der Lateinunterricht in der Zeit der Humanisten wollte mit einem möglichst geringen Aufwand an Regeln und grammatischer Theorie rasch zur Klassikerlektüre kommen und die Sprache hauptsächlich durch praktischen Gebrauch und die Imitatio der Schriftsteller lernen lassen. Denn es gab damals (ähnlich wie zur Zeit der Philanthropisten und auch heute) genug Lateinlehrer, die in einer erleichterten Kurzgrammatik ein Übel sahen. So wurde das Doctrinale Alexanders, obwohl schon in der ersten Hälfte des 15. Jhs. teilweise auf das heftigste bekämpft, noch bis gegen Ende des 16. Jhs. benützt und noch 1580 in Brescia gedruckt. Die Grammatik des Mittelalters ging, sozusagen an den Humanisten vorbei, in die Neuzeit ein.

Von Humanismus wird wieder gesprochen für die Epoche des deutschen Neuhumanismus. Es muß aber in unserem Zusammenhang die Entwicklungslinie der Grammatik wenigstens andeutungsweise durchgezogen werden, wenn auch das Schlagwort zunächst Rationalismus heißt. Der Humanismus hatte in seinen fortschrittlichen Vertretern die Verbindung der Grammatik mit der scholastischen Logik weitgehend aufgelöst, er hat aber keine neue Grammatik geschaffen, die wie etwa Donat oder das Doctrinale Alexanders für Jahrhunderte maßgebend gewesen wäre. Eine solche Grammatik schuf der Spanier Sanctius mit seiner Minerva von 1587. Schon der Untertitel *sive de causis linguae Latinae commentarius* zeigt, daß es wieder um grammatische Theorie geht. Sanctius greift einerseits in die Antike bis zu Aristoteles zurück, anderes erinnert stark an das Mittelalter. Energisch verficht er das Recht der Ratio in der Grammatik, die die Humanisten zugunsten von Auctoritas und Usus aus der Grammatik geworfen hatten. Es entsteht der Gegensatz zwischen der Grammatica philosophica, was man besser mit philosophierender als mit philosophischer Grammatik übersetzt, und der Grammatica civilis, der es nur auf die Erlangung der im bürgerlichen Leben notwendigen Lateinkenntnisse ankam. Eine Grammatica philosophica gab der vielfach unterschätzte Caspar Scioppius (Schoppe) in Mailand 1628 (unter dem Pseudonym Pascasius Grosippus) heraus. Diese Grammatik ist wie die Minerva nur für den Lehrer gedacht. Als Schulgrammatik gab er Rudimenta grammaticae philosophicae heraus. Hier erscheint, im Gegensatz zu der einfachen

Art der Satzgliedbestimmung durch *ante* bzw. *post verbum* bei Aventin, wieder das *suppositum* oder der *nominativus praecedens* des Mittelalters; das Prädikatsnomen oder Prädikativum ist ein *nominativus appositus seu sequens*. Der junge Goethe wurde mit dieser Terminologie nicht geplagt; das Buch, das er auswendig zu lernen hatte, war die deutsch geschriebene Erleichterte lateinische Grammatik des Christoph Cellarius (seit 1689, neu bearbeitet von J. M. Gesner seit 1740). Da heißt die einschlägige Formulierung ähnlich wie bei Aventinus: „Zwei nominativos haben bei sich, einen vor, den andern nach sich ..."

Den Rationalismus läßt schon im Titel erkennen die durch die moderne Linguistik wieder berühmt gewordene Grammaire générale et raisonnée von Port-Royal (seit 1660), die mit der Logique de Port-Royal eng verbunden war. Ihre Nachwirkungen sind in der französischen Lateingrammatik bis heute spürbar, etwa wenn *attribut* im philosophischen Sinn des Merkmals einer Substanz für unser Prädikatsnomen verwendet wird. Die unbefangene Verbindung von Grammatik und Logik, die Auffassung der Grammatik als der „logique des enfants", setzte sich in Frankreich bis in unser Jahrhundert fort. Die Grammatik von Port-Royal exemplifiziert ihre Ausführungen mehr am Französischen als am Lateinischen. In der Folgezeit wird in Frankreich der Begriff des *complément* entwickelt, und die wichtigste und bleibende Neuerung, die der Neuhumanismus der Schulgrammatik in Deutschland gebracht hat, die systematisch ausgebaute Satzgliedlehre, stammt aus der französischen Grammatik Girards aus dem Jahre 1747. Da es in Deutschland damals kaum üblich war zu zitieren, was man gelesen hat, ist die Abhängigkeit für uns im einzelnen nicht klar.

Für den deutschen Neuhumanismus konstitutiv ist der Gedanke der formalen Bildung durch Sprachlehre. Für sich spricht der Titel: Versuch einer an der menschlichen Sprache abgebildeten Vernunftlehre oder philosophische und allgemeine Sprachlehre von J. W. Meiner, Leipzig 1781. Für diesen Zweck mußte die lateinische Grammatik, die durch 2000 Jahre auf den Wortarten aufgebaut war, geändert und ergänzt werden durch die Lehre vom Satz. Die gehörte im Trivium nicht zur Grammatik, sondern zur Dialektik. Aus dieser holte I. J. G. Scheller 1779 das Subjekt und das Prädikat in die Schulgrammatik. Das Objekt, zunächst nur im allgemeinsprachlichen Sinn bei der Funktionsbeschreibung des Akkusativs verwendet, wird allmählich zum grammatischen Satzglied-Terminus. Es kamen die Nebensätze, die aus der Rhetorik J. Aug. Ernestis stammten, aber durch die deutsche Grammatik Adelungs propagiert wurden, und eine explizite Nebensatzlehre, die früher entweder in einer knappen Lehre von den Konjunktionen oder bei den Tempora und Modi nur impliziert vorhanden war.

Wenig Erfolg hatten die Versuche der klassischen Philologen, die Philosophie Kants zur Grundlage einer neuen Grammatik zu machen. Gottfried Hermanns Buch De emendanda ratione grammaticae Graecae (1801) erwies sich als ein Irrweg. Immerhin kann man Spuren Kants in unserer Schulgrammatik finden, etwa wenn Indikativ und

Konjunktiv entsprechend Kant'schen Kategorien (irreführend) als Wirklichkeitsform und Möglichkeitsform bezeichnet werden. Hierher gehört auch der wenig glückliche Realis. Hegel zeigt sich in seiner Nürnberger Gymnasialrede vom 29. September 1809 als entschiedener Anhänger einer allgemeinen Denkschulung durch Grammatik: „Das strenge grammatische Studium ergibt sich also als eines der allgemeinsten und edelsten Bildungsmittel." Aber Versuche von Hegelianern, seine Philosophie auf die Grammatik anzuwenden, haben nicht zu nennenswerten Ergebnissen geführt.

Einen Erfolg ohnegleichen errangen Mitglieder des Frankfurter Gelehrtenvereins für deutsche Sprache. Der Außenseiter Karl Ferdinand Becker hat mit zahlreichen Büchern, beginnend mit dem Organismus der Sprache von 1827, vor allem durch seine Satzgliedlehre der deutschen Schulgrammatik die Form gegeben, die man jetzt vielfach „traditionell" nennt. S.H.A. Herling hatte z.T. schon vorher die Vertretung von Satzgliedern durch Nebensätze aufgezeigt (die übrigens schon Scioppius gesehen hatte). August Grotefend schrieb nach den neuen Grundsätzen eine Ausführliche Grammatik der lateinischen Sprache (1829/30) und eine Lateinische Schulgrammatik (1833). Mehr Glück in der Rezeptionsgeschichte hatte Raphael Kühner. Seine Schulgrammatik (1842) hatte schon weitgehend die Form, die konservative lateinische Schulgrammatiken heute noch haben; seine Ausführliche Grammatik benützt, wenigstens mit den Syntaxbänden (1878/79), heute noch fast jeder Latinist, und das nicht nur in Deutschland.

Mancher Leser wird hier den Namen W. v. Humboldts schon vermißt haben. Doch unmittelbar auf Humboldt zurückgehendes Gedankengut ist in unserer Schulgrammatik nicht zu finden, und auch die Humboldt-Renaissance der 50er Jahre dieses Jahrhunderts, die die Methodikbücher der damaligen Zeit eine neue Art der Sprachbetrachtung fordern ließ, hat für die Schulgrammatik nichts Bleibendes erbracht. Die wesentlichen Beiträge des Neuhumanismus zur lateinischen Schulgrammatik sind der Gedanke der formalen Bildung durch die lateinische Grammatik, also Latein als Schule „logischen Denkens", eine systematisierte Satzgliedlehre und eine Nebensatzlehre in mehr oder weniger enger Verbindung mit der Satzgliedlehre.

Die weitere Entwicklung mit ihren zahlreichen kontrovers und auch emotional geführten Diskussionen, die aber die lateinische Schulgrammatik weit weniger beeinflußt haben als die deutsche, können in dem begrenzten Rahmen dieser Festschrift und ihres Gesamtthemas nicht abgehandelt werden. Einige knappe Bemerkungen müssen hier genügen.

1. Eine formale Bildung (als Gegensatz zur materialen Bildung) ist in der Pädagogik vielfach abgelehnt worden. Das Problem hat sich etwas verschoben auf die Frage der Übertragbarkeit (Transferwirkung) eines bestimmten Lehrstoffes. Daß dabei die Art der Wissensvermittlung von Bedeutung ist, ist einleuchtend. Grob gesagt: Stures Pauken der Lateingrammatik macht nicht eo ipso zum scharfen Denker. Auch durch eine großangelegte empirische Überprüfung der Transferwirkung des Lateinunterrichts könnte eine

solche weder als wissenschaftliche Wahrheit verifiziert noch falsifiziert werden. Es gibt gute und schlechte Lehrer und Schüler. Wir müssen uns, ob wir Freunde oder Gegner des Lateinunterrichtes sind, mit mehr oder weniger wahrscheinlichen Annahmen begnügen.

2. „Logisches Denken" ist ein vorwissenschaftlicher Begriff der Alltagssprache, der aber von den Sprechern aufgrund ihrer eigenen Erfahrung verstanden wird. Logik als wissenschaftlicher Terminus hat seit Kant so vielfältige Definitionen erhalten, daß er für eine wissenschaftliche Diskussion außer unter Spezialisten kaum mehr brauchbar ist.

3. Daß Sprache nicht logisch, sondern etwas Psychologisches sei, wurde in einer unfruchtbaren Opposition von Leugnern der Denkschulung durch Latein auch in einer Zeit behauptet, in der in Deutschland die Logik als Teilgebiet der Psychologie angesehen wurde.

4. Während der historischen Sprachwissenschaft eine allgemeine Grammatik als ein Irrweg erscheinen mußte, ist sie heute wieder ein Gegenstand der Sprachforschung. Wenn heute in einer amtlichen Verlautbarung steht: „An der lateinischen Sprache soll der Schüler Einblick in das Wesen von Sprache überhaupt gewinnen …", so wäre das in anderen Zeiten als Zeichen sprachwissenschaftlicher Ignoranz erschienen. Heute kann man das sogar als Tatsachenfeststellung auffassen, da die anderen Schulsprachen kaum mehr reflektierend betrieben werden.

5. K.F. Beckers System war von Anfang an heftig umstritten. In der Dependenzgrammatik hat es eine neue Blüte getrieben. Ob man es so zum A und O der Sprachreflexion machen soll, wie es derzeit teilweise geschieht, kann man bezweifeln. Die Grammatik zieht scharfe Grenzlinien auch da, wo breite Übergangszonen bestehen. Ein humanistischer Grammatikunterricht soll wohl zu Genauigkeit, aber nicht zum Pedanten erziehen. Doch das ist Sache des Unterrichts, nicht des Grammatikbuches.

Klaus Westphalen

Über angebliche Irrwege in der Bildungspolitik

Vorbemerkung:
Dieser Aufsatz ist einem Menschen gewidmet, der es wagte, anderen voranzugehen, der damit das Risiko des Irrweges auf sich nahm. Karl Bayer war der erste Altsprachler, der das Gebiet der eben abgesteckten Curriculum-Theorie betrat (L'école machine? 1970); zusammen mit dem unvergeßlichen Karl Lanig war er der Gestalter der reformierten gymnasialen Oberstufe (Kollegstufe) in Bayern. Dem Voranschreitenden wird von seiten der Mitgeführten nicht selten vorgeworfen, er führe sie auf einen Irrweg, hinein in eine Sackgasse, aus der man schließlich zurück zum Ausgangspunkt gehen müsse. Über solche „Irrwege", angebliche oder tatsächliche, in Pädagogik und speziell Bildungspolitik soll hier versuchsweise nachgedacht werden.

Was ist ein Irrweg in der Bildungspolitik? Doch wohl nichts anderes als ein geschichtlicher Irrtum: Von Menschen wurden falsche Entscheidungen getroffen, die sich entweder überhaupt nicht verwirklichen lassen oder unerwünschte Ergebnisse hervorbringen, daher zurückgenommen werden müssen. Die Geschichte verhindert entweder die Ausführung von Anbeginn an oder erzwingt eine Rückkehr, scheinbar an den Ausgangspunkt.

Die Schule als Ganzes, schulische Institutionen und schulische Curricula lassen sich als Problemlösungen der Gesellschaft für Fragen der Erziehung und des Unterrichts auffassen. Mit ihrer Hilfe soll – wissenssoziologisch betrachtet – der Erfahrungsstand der Menschheit tradiert werden, soll – gesellschaftspolitisch formuliert – das bestehende Netzwerk gesellschaftlicher Qualifikationen und Positionen reproduziert werden, soll – pädagogisch gesehen – dem einzelnen die bestmögliche Bildung seiner Kräfte ermöglicht werden. Irrwege in der Bildungspolitik bedeuten, daß ein Problem mangelhaft gelöst wurde, eine Funktion nicht angemessen erfüllt wird.

Wie aber kommt es zu Problemlösungen, die als mangelhaft oder gar völlig falsch angesehen werden? Wieso macht der planende Geist des Menschen Fehler, sogar in einer Gesellschaft des gründlichen öffentlichen Diskurses? Wer bestimmt überhaupt, was falsch oder richtig war? Lassen sich feste Kriterien der Erkenntnis identifizieren?

„Irrwege" der Bildungspolitik – einige zeitgenössische Beispiele

Im folgenden werden einige Beispiele aus der Zeitgeschichte des deutschen Erziehungswesens nach 1945 ausgewählt, bei denen der Vorwurf des Irrweges vernehmlich erhoben wurde. Die Einreihung in diesen Katalog bedeutet damit aber noch keineswegs, daß die betreffenden Maßnahmen oder Fakten tatsächlich Irrwege *sind*; erst unsere Reflexion kann klären, was es damit auf sich hat.

1. Als ein klassisches Beispiel eines „Irrweges" wird nicht selten die entscheidende Weichenstellung angesehen, die das allgemeinbildende Schulwesen in den drei westlichen Besatzungszonen nach 1945 erfuhr. Bekanntlich wurden die Vorstellungen der Siegermächte, die in Richtung eines integrierten, stufenartigen Bildungssystems mit starker Betonung demokratischer Erziehung gingen, von den maßgeblichen deutschen Bildungspolitikern nicht aufgenommen, vielmehr wurde das dreigliedrige Schulsystem in Verbindung mit der christlich-humanistischen Überlieferung wieder hergestellt. Aus der Sicht der Bildungsreformer wurde damit eine günstige Chance zur Modernisierung und Demokratisierung vertan (z. B. Herrlitz/Hopf/Titze 1981, Blankertz 1982). Die Einstufung dieses Vorgangs als Irrweg verrät sich schon durch die Wahl des Prädikats „Restauration" für jene Epoche, während sonst gerne der neutralere Begriff „Rekonstruktion" verwendet wird (vgl. Verf. 1979a, S. 16 f.).

2. In den 60er Jahren fand die Auffassung, daß inmitten einer wissenschaftsbestimmten Zivilisation auch die Schule wissenschaftsbezogen sein müsse, nicht nur allenthalben starke Zustimmung, sondern auch bildungspolitische Berücksichtigung, vor allem im Strukturplan für das Bildungswesen aus dem Jahre 1970, von dem aus sich der Siegeszug „wissenschaftsorientierter" Lehrpläne und Schulbücher verstehen läßt. Heute wird diese Ausrichtung der Schule mehr und mehr als Irrweg der Bildungsreform angesehen (vgl. Verf. 1984). So erklärt der Philologenverband Rheinland-Pfalz in einer offiziellen Stellungnahme an den Kultusminister: „Die Wissenschaftsorientierung der Schule ist das Proton Pseudos der Bildungsreform" (1984, S. 4), ungeachtet der Tatsache, daß sich das deutsche Gymnasium als Schule der Wissenschaftspropädeutik und theoretischen Bildung seit alters her versteht. Selbstverständlich gilt „Verwissenschaftlichung des Unterrichts" auch als Sargnagel der Hauptschule: „Die Probleme in der Hauptschule ... sind Folgen der Verwissenschaftlichung von Lehrerbildung und Unterricht, die im Zusammenhang mit der verschlechterten Zukunftsperspektive zur Resignation vieler Schüler führen, die sich in Passivität und Störungen äußert" (Redlich/Schley 1980, S. 9).

3. „Jede Unterrichtsplanung muß ausgehen von klar definierten, begründeten Lernzielen." Dieser Grundsatz, in der Phase der Bildungsreform als „Selbstverständlichkeit" bezeichnet (Verf. ³1975, S. 16), wird heute stark bezweifelt (Kozdon 1981, S. 12), das Monopol der Lernzieldidaktik, „deren bildungsfeindliche Implikationen mit Händen zu greifen sind" (ebd.), ernstlich in Frage gestellt. Die *Lernzielorientierung* der Lehrpläne wird derzeit von den Kultusministerien, vorsichtig zwar, zurückgenommen, es ertönt der Ruf „zurück zu den Inhalten".

4. In den Ausbau der Volksschuloberstufe zur *Hauptschule* setzte der Deutsche Ausschuß für das Erziehungs- und Bildungswesen große Hoffnungen: „Wenn nicht bald

Wirksames geschieht, dann wird die Volksschule eines Tages die ‚Restschule' sein ..."
(1964, S. 10). Daher sollte mit der Hauptschule eine „Oberschule" geschaffen werden,
die für geeignete Schüler „erheblich über den Anforderungen der bisherigen Volksschule" liegen würde. Genau dieser damals entworfene Schultyp gilt heute eben als „Restschule" (Preuss-Lausitz 1975), die sich „auf dem Weg zur Sonderschule" befindet (Hoffmann 1975). So gehe es nur noch um die Alternative: „Rechtzeitige Auflösung der Hauptschule oder Schrecken ohne Ende" (Rolff 1984, S. 47).

5. Die Neugestaltung der *Oberstufe* sollte das Gymnasium „entschiedener in ein dynamisches Verhältnis zur gesellschaftlichen Wirklichkeit" rücken (KMK 1972, S. 3). „(Die Reform) ist als ein Versuch zu werten, die Modernität des Gymnasiums wiederherzustellen" (Verf. 1975, S. 38). Dazu bedarf es einer „inneren Erneuerung, die sich an den höchsten Zielen gymnasialer Bildung, den Leitzielen der gymnasialen Oberstufe orientiert" (ebd.). Gerade das wichtigste Ziel darunter, eine Steigerung der Studierfähigkeit (KMK, S. 3 f.), ist nach Ansicht vieler Kritiker nicht erreicht, im Gegenteil: Die Leistungen der Studienanfänger sollen gesunken sein. Mehr noch: „Eine ganzheitliche Bildung, wie sie einem christlich-humanistischen Menschenbilde entspräche, wird durch die Konstruktion der NGO (= neugestaltete gymnasiale Oberstufe, Verf.) verhindert" (Philologenverband Rheinland-Pfalz 1984, S. 5).

Die fünf Beispiele reichen als Material für die nachfolgenden Reflexionen aus. Da sich unsere Überlegungen als noch unzulängliche erste Versuche verstehen, sei auf die Möglichkeit aufmerksam gemacht, das Problem des „Irrweges" an anderen Beispielen weiterzudenken, so z. B. im Blick auf das Gesamtschul-Modell, das von seinen Gegnern von Anfang an als Sackgasse angesehen wurde, oder im Blick auf die antiautoritäre Erziehung bzw. die Antipädagogik, die in den 70er und 80er Jahren vielen als Irrwege der Erziehungsbemühung gelten.

Zur Faktizität historischer Veränderungen im Schulwesen

Wer einen Weg zurücklegt, „be-wegt" sich, bringt Veränderung hervor. Die tendenzielle Statik gesellschaftlicher Verhältnisse wird durchbrochen, menschliche Freiheit in Anspruch genommen. Entscheidungen werden getroffen, Schwerpunkte gesetzt, Fakten geschaffen. Die Faktizität der Geschichte ist Veränderung.

Jacob Burckhardt hat in seinen Weltgeschichtlichen Betrachtungen „das große durchgehende Hauptphänomen" wie folgt beschrieben:

„Es entsteht eine geschichtliche Macht von höchster momentaner Berechtigung; irdische Lebensformen aller Art: Verfassungen, bevorrechtigte Stände, eine tief mit dem ganzen Zeitlichen verflochtene Religion, ein großer Besitzstand, eine vollständige gesellschaftliche Sitte, eine bestimmte Rechtsanschauung entwickeln sich daraus und hängen sich daran und halten sich mit der Zeit für Stützen dieser Macht, ja für allein mögliche Träger der sittlichen Kräfte der Zeit. Allein der Geist ist ein Wühler und arbeitet weiter." (Ausg. 1954, S. 11)

1. Geschichte heißt Veränderung

Wenn das Wesen der Geschichte Veränderung ist, haben Innovationen im Bildungswesen das Recht der Geschichte auf ihrer Seite. Sie sind unvermeidlich, sind naturgemäß für ein in Zeit und Raum lebendes Wesen wie den Menschen. Der Geist „wühlt" weiter, d. h. er gibt sich nicht zufrieden mit dem was ist, sucht zu korrigieren und zu emendieren, betrachtet Bestehendes als Irrtum, Kommendes als Chance.

Die Nachkriegszeit konnte nicht anders, sie mußte – auf einem Scherbenhaufen stehend – die Zeit des Nationalsozialismus als den gewaltigsten Irrweg deutscher Geschichte ansehen. Auf pädagogischem Gebiet schien der Weg zurück zu den festen Bastionen idealistischer Kultur Sicherheit zu bringen, das alte Schulsystem das in Wahrheit bewährte zu sein. Die pädagogisch-didaktischen Ziele der Bildungsreform, Wissenschaftsbezug und Lernzielorientierung, nutzten deutlich gewordene Legitimationskrisen aus: Der Bildungsbegriff schien obsolet geworden zu sein, die Inhalte der Lehrpläne, also der Bildungskanon, den Anforderungen der Zeit nicht mehr zu entsprechen. Die rationale Grundströmung unserer Epoche, die „wissenschaftliche Zivilisation" (Schelsky), die „Machbarkeit der Sachen" (Freyer) – all das führte gleichsam von selbst auf den Weg zu mehr Klarheit, mehr Begründung, mehr Erkenntnis. Die Reformen, die sich auf die Oberstufen der Volksschule und des Gymnasiums bezogen, nahmen ihre geschichtliche Legitimation aus den gewachsenen Ansprüchen der Gesellschaft, die sich im internationalen Wettbewerb befindet, aber auch (stillschweigend) aus dem hergebrachten Ideal der Persönlichkeitsbildung, das dem Menschen die größtmögliche Entfaltung seiner Kräfte abverlangt.

Um es kurz zu sagen: Die in Frage stehenden Veränderungen, die heute vielen als Irrwege erscheinen, machten sich auf den Weg mit dem tief verwurzelten Rechtsgefühl, im Aufwind der Geschichte zu segeln. Die Korrektur eines schlimmen geschichtlichen Fehlers, ein im Einklang mit der geistigen Situation der Zeit stehendes didaktisches Denken, die Gestaltung der Schulen nach dem Konzept der Modernität – das sind Bewegungen, die durch den historischen Gesamtrahmen nicht nur gerechtfertigt, sondern geradezu gefordert schienen.

2. Die Dialektik der Veränderung

Doch der Aufwind der Geschichte trifft auf Widerstand, die Veränderungen erzeugen Konflikte. These und Antithese stehen sich gegenüber. Was dem einen ein zielerreichender Pfad, ist dem anderen ein gefährlicher Irrweg. Die Stärke des Gegenwindes ist unterschiedlich: Am heftigsten scheint er der Gymnasialreform ins Gesicht geblasen zu haben, während etwa das Reformprinzip der Wissenschaftsorientierung anfangs kaum bestritten war. Je schärfer die Antithese, desto heftiger die bildungspolitische Polarisierung.

Selbst „Irrwege" der Bildungspolitik sollten, müßten zu vernünftigen, sinnvollen Synthesen führen. Einmal unterstellt, unsere Maßnahmen und Beispiele enthielten Irrtümer, seien vielleicht sogar im ganzen Irrtümer (was im folgenden durchaus noch in Frage gestellt wird), so ergäbe sich im Spiegel der (nach Hegel) dreifachen Bedeutung des Aufhebens folgendes Bild:

	Aufheben im Sinne der Beseitigung („Die Versammlung ist aufgehoben")	Aufheben im Sinne der Bewahrung („Das Andenken wird aufgehoben")	Aufheben im Sinne der Veredelung („Das Gespräch wird auf ein höheres Niveau gehoben")
Beispiel: Rekonstruktion des Bildungswesens	Die Irrlehren der nationalsozialistischen Pädagogik werden aufgehoben	Die Ideale des Christentums, des Humanismus und des Liberalismus werden gefestigt	Die Re-education versucht die Schule auf eine demokratische Plattform zu heben
Beispiel: Wissenschaftsbezug des Lernens	Die horizontverengende „volkstümliche Bildung" wird aufgehoben	Wissenschaftsorientierung soll mit „stärkerer Pädagogisierung" Hand in Hand gehen	Alle Schüler sollen auf ein zeitgemäßes geistiges Niveau gehoben werden
Beispiel: Lernzielorientierung im Unterricht	Obsolete Lerninhalte werden beseitigt	Zielerreichende Bildungsinhalte werden in Lehrplänen aufbewahrt	Ziele und Inhalte der Schule sollen besser begründet, mehr sinnerfüllt sein
Beispiel: Aufbau der Hauptschule	Die Ungleichwertigkeit der Volksschule soll aufgehoben werden	Die Erziehungsaufgabe der Volksschule soll in der „Jugendschule" fortgeführt werden	Das Niveau der Schulart soll deutlich erhöht werden
Beispiel: Neugestaltung der gymnasialen Oberstufe	Das demotivierende Zwangscurriculum soll beseitigt werden	Die gymnasialen Leitziele, Grundbildung, Persönlichkeitsbildung und Studierfähigkeit werden bewahrt	Motivation, Selbstbestimmung, Selbsttätigkeit und Wissenschaftspropädeutik sollen gefördert werden

3. Die Innovationsrate

Je größer die Innovationsrate, d. h. der „antizipatorische Abstand der geplanten Innovation vom Status quo" (Adl-Amini/Frey/Hameyer 1976, S. 61) ist, desto schneller wird der Vorwurf erhoben, die Innovation führe in die Irre. Man vergleiche die Reform der Volksschul-Oberstufe mit der der gymnasialen Oberstufe. Während die Struktur der ersteren kaum verändert wurde (mit Ausnahme der neu eingeführten Fächer Englisch und Arbeitslehre), führte das Gymnasium u. a. ein neues System der Leistungsmessung (Punktesystem), vor allem aber das Prinzip der Kurswahl und die Niveaudifferenzierung in Grundkurse und Leistungskurse ein. Kein Wunder daher, daß die Kritik an der Hauptschule erst relativ spät einsetzte. 1959 vom Deutschen Ausschuß im Rahmenplan vorgestellt, wurde die Hauptschulkonzeption beispielsweise in dem von W. S. Nicklis 1970 herausgegebenen Werk „Hauptschule als Sekundarstufe" praktisch nicht in Frage gestellt; erst das zehn Jahre später vom gleichen Herausgeber veröffentlichte Werk „Hauptschule" erschließt sich der inzwischen gängigen Kritik. Demgegenüber hatte es die gymnasiale Oberstufenreform von Anfang an mit erbittertem Widerstand aus den Reihen der Gymnasiallehrer und mancher Eltern zu tun; später schalteten sich immer mehr auch die Hochschullehrer ein.

Daß das Prinzip der Wissenschaftsorientierung für die Volksschule, die sich vom Konzept der volkstümlichen Bildung zu lösen hatte, erhebliche Probleme brachte, nimmt nicht wunder; diese Innovation stellt nicht nur den Lehrer vor schwierige pädagogische und didaktische Aufgaben, auch die Schüler sehen sich gänzlich neuen Ansprüchen ausgesetzt. Erstaunlich jedoch, daß selbst ein Gymnasiallehrerverband der „Verwissenschaftlichung" entschieden entgegentreten mag. Ebenso verwunderlich, daß das im Grund plausible, gänzlich in der abendländischen Tradition liegende Prinzip der Zielorientierung (vgl. Verf. 1979b, S. 53 ff.) so starken Widerspruch erfuhr.

Es ist daher zu vermuten, daß beide Grundsätze nicht per se als Irrweg erscheinen sollten, sondern durch eine bestimmte Art der Präsentation als Sackgasse aufgefaßt werden. Gemeint ist der *Perfektionismus*, der gerade die aktuellsten und kompliziertesten wissenschaftlichen Modelle (z. B. die Mengenlehre und Kommunikationstheorie) den Schülern zumutete, sowie der *scholastische Eifer*, mit dem mitunter Lernziele formuliert wurden. Die Innovationsquote manifestiert sich somit im Zwang, der Lehrern und Schülern auferlegt wird.

Unter dem Kriterium der Innovationsrate erweist sich aber die Grundentscheidung der Nachkriegszeit als richtig. Es ist unhistorisches Denken, wenn einem Volk abverlangt würde, ohne Vorbereitung, ohne Erprobung, ja sogar ohne genaue Kenntnis ein neues Bildungssystem überzustreifen wie einen neuen Rock. Welche Schwierigkeiten hat heute die Integrierte Gesamtschule selbst in den SPD-regierten Ländern, als attraktive Alternative zum gegliederten Schulwesen zu erscheinen, obwohl sie doch durch die veränderte pädagogische Philosophie der Bildungsreform-Zeit geistig vorbereitet wurde!

4. Das Gesetz der ungewollten Nebenwirkungen

Die Geschichte läßt sich nicht über die Schulter gucken, sie hält Überraschungen für uns bereit. Eduard Spranger entdeckte das „Gesetz der ungewollten Nebenwirkungen in der Erziehung" (1962), das hier auf die Ebene der Bildungspolitik übertragen wird. Die Komplexität des pädagogischen Feldes gestattet keine Isolierung simpler Kausalverhältnisse, auch in der Bildungspolitik muß man mit ungeplanten Konsequenzen rechnen.

An einigen unserer Beispiele soll dieses „Gesetz" versuchsweise belegt werden. Die Betonung der Lernziele führte mindestens anfangs zu einer Mißachtung der Inhalte, die grundsätzlich als austauschbar angesehen wurden, bis man schließlich die Lernziel-Lerninhalt-Verschränkung wiederentdeckte (vgl. Verf. 1980) und damit den Weg freimachte für die Wiedergewinnung des Bildungsgehalts. Der Gedanke des Wissenschaftsbezugs allen Lernens produzierte mannigfaltige Nebenwirkungen, so das Konkurrenzempfinden der Hochschulen gegenüber bestimmten Inhalten der gymnasialen Oberstufe, ferner die „Gymnasialisierung" der Realschule und sogar z.T. der Hauptschule, den kognitiven Überhang in allen Lernprozessen usw. Die Gegner der neugestalteten gymnasialen Oberstufe schließlich verweisen auf das (angebliche?) Dahinschwinden der Allgemeinbildung, den Verlust der „Nestwärme" des Klassenverbandes im neuen Kurssystem und die durch das Punktsystem erzeugte Rechenmentalität.

Das erkenntnistheoretische Problem: Was ist ein Irrweg?

Wir haben uns bisher bemüht, das Problem des sog. Irrweges aus der Sache heraus zu erklären. „Irrwege" sind zunächst Versuche, den geänderten historischen Rahmenbedingungen durch Betreten von Neuland zu entsprechen. Dabei entsteht eine Dialektik von These und Antithese, die zunächst nach dem Denkschema von Bewährtem und in die Irre Führendem bewertet wird. Je weiter sich der neue Pfad von ausgetretenen Straßen entfernt, um so eher gilt er als Irrweg. Hinzu kommt, daß von ihm Seitenpfade abzweigen, mit deren Existenz man gar nicht gerechnet hat.

Mit solchen Überlegungen, so steht zu hoffen, dürfte das schlicht-pauschale Konstatieren von Irrwegen in der Bildungspolitik ein wenig bedenklicher erscheinen. Doch steht die eigentliche Offensive gegen eine vorschnelle Verurteilung von Innovationen im Bildungswesen noch vor uns. Sie stützt sich auf erkenntnistheoretische Reflexionen. Wir beginnen mit einem Beispiel.

Die Neugestaltung der gymnasialen Oberstufe gilt, so haben wir gesehen, vielen als klassischer Fall eines Irrweges der Bildungsreform. Sie habe nichts als geringere Studierfähigkeit, weniger Allgemeinbildung, gemindertes Wohlbefinden im Kurssystem und gesteigerten Konkurrenzdruck hervorgebracht. Andreas Flitner, ein durchaus reformfreudiger Kritiker, bezeichnete sie 1977 als „Zerrbild einer Reform", als „mißratenen Fortschritt". Abfällige Äußerungen der WRK und des Deutschen Philologenverbandes lassen sich zu einem kontinuierlichen Katalog zusammenstellen.

Das derzeit letzte Wort dazu hat W. Heldmann geschrieben, gestützt auf eine Umfrage des Hochschulverbandes zur Studierfähigkeit und zum Hochschulzugang, die bis heute die bei weitem größte empirische Zuverlässigkeit aufweist. Sein Fazit lautet:

„Die Erhöhung der Zahl der Studierenden bedeutet nicht eo ipso eine generelle Herabsetzung der Standards, die für die Studierfähigkeit maßgebend sind. Ausbildungsinteresse, Denkvermögen und Lern- und Leistungsbereitschaft sind weitgehend auch bei den heute Studierenden relativ stark ausgeprägt. Die Erhöhung der Zahl der Schüler, die in weiterführende Bildungswege eintraten und von denen sehr viele zur Hochschulreife geführt worden sind, hat nicht zu den negativen Auswirkungen geführt, wie dies oftmals vorschnell behauptet wird. In allen Fächergruppen und allen Altersgruppen sind diese allgemeinen Leistungskriterien von den beteiligten Hochschullehrern relativ positiv eingeschätzt worden. Die gesellschafts- und bildungspolitischen Zielsetzungen der Reformvorhaben der letzten Jahre haben sich in ihrem Ansatz und in der Sache als richtig erwiesen. Ein Zurück zu einem Abitur mit 5 % eines Altersjahrgangs kann aus sozial-, bildungs- und arbeitsmarktpolitischen Gründen heute nicht mehr verantwortet werden." (1984, S. 382)

Das Zitat zeigt nur zu deutlich auf, wie Argumente beschränkten Umfangs durch eine weitere Perspektive, die sich sub specie historiae legitimiert, aufgehoben werden. Selbst wenn, was nicht nachgewiesen werden kann, „Studierfähigkeit" (ein bisher nicht operationalisierbares Konstrukt) um einige Prozent nachgelassen hätte, wäre dies unter dem generellen Aspekt der Hebung des Gesamtniveaus zu verschmerzen. Unser Fazit lautet daher vorerst: Die Beurteilung eines vermeintlichen Irrweges ist nur unter historischen Makroaspekten möglich, diese aber dürften von Zeitgenossen nur in seltenen Fällen voll ins Auge gefaßt werden.

In der Untersuchung von Heldmann liegt einer der wenigen Fälle vor, wo ein angeblicher Irrweg der Bildungspolitik, die neugestaltete gymnasiale Oberstufe, sorgfältig und durchaus nicht unkritisch untersucht wurde. Ein zweites Beispiel ist die Integrierte Gesamtschule, für die im Jahre 1982 zwei umfassende Evaluationen (Bund-Länder-Kommission, Fend) vorgelegt wurden. Auch hier zeigte sich, daß eine pauschale Ablehnung dieses Schultyps als „Irrweg" den Tatsachen nicht gerecht wird. Bildungspolitische Innovationen fügen sich in keine einfachen Raster vom Typ „richtig oder falsch".

Die Subjektivität der Beurteilung

Gut dokumentierte und sorgfältig untersuchte Beispiele wie die neugestaltete gymnasiale Oberstufe und die Integrierte Gesamtschule bilden die (erfreuliche) Ausnahme. In der Regel wird ein „Irrweg" aber aus einer pauschalen weltanschaulichen Position heraus konstatiert. Schon Jacob Burckhardt hatte dies klar erkannt:

„Gegenüber von solchen geschichtlichen Mächten pflegt sich das zeitgenössische Individuum in völliger Ohnmacht zu fühlen; es fällt in der Regel der angreifenden oder der widerstrebenden Partei zum Dienst anheim. Wenige Zeitgenossen haben für sich einen archimedischen Punkt außerhalb der Vorgänge gewonnen und vermögen die Dinge ‚geistig zu überwinden'..." (Ausg. 1954, S. 11).

In einem anderen Kapitel seiner Weltgeschichtlichen Betrachtungen geht Burckhardt der Frage nach den Kriterien geschichtlicher Urteile ausführlicher nach. Ob geschichtliche Entwicklungen Glück oder Unglück bedeuten, werde immer wieder erörtert; wonach aber werden die Urteile gefällt?

„Vor allem haben wir es mit dem Urteil aus Ungeduld zu tun" (S. 187). Das springt in der Tat auch im Bereich der Bildungspolitik ins Auge: Man ist kaum bereit, das Ergebnis der wissenschaftlichen Begleituntersuchungen abzuwarten, schon wird die neue Schulreform abgelehnt oder auch unter amtlichem Vorzeichen eingeführt.

Daneben „spielt stellenweise das Urteil nach der Sekurität hinein" (S. 190). Wagt man es, dieses Kriterium auf die Bildungspolitik zu übertragen, so heißt Sekurität nichts anderes als Erhaltung des bestehenden Zustandes. In der Tat bedeutet Verharrung Sicherheit, Innovation Ungewißheit und Wagnis. Die Hauptschule z. B. war der kühne Versuch, den vielen mehr zu vermitteln; er hat ohne Zweifel die Schulart in eine Identitätskrise gestürzt.

„Und nun endlich die gemeinsame Quelle, die durch alle diese Urteile hindurchsickert, das schon längst durch alles Bisherige hindurchklingende Urteil des Egoismus! ‚Wir' urteilen so und so; freilich ein anderer, der – vielleicht auch aus Egoismus – das Gegenteil meint, sagt auch ‚wir', und in absolutem Sinne ist damit soviel erreicht als mit den Wünschen nach Regen oder Sonnenschein je nach den Interessen des einzelnen Landbauers" (S. 191).

Pessimistisch weist Burckhardt auf die Möglichkeit hin, daß all' unsere Urteile nur, so würden wir heute sagen, aus erkenntnisleitenden Interessen abzuleiten sind. Ein Irrweg der Bildungspolitik wäre also eine politische Maßnahme, die den eigenen Interessen oder denen der gesellschaftlichen Schicht, der kulturellen Gruppierung, in der man sich befindet, zuwiderläuft.

Ziehen wir ein Fazit. Innovationen der Bildungspolitik entspringen, so zeigten unsere Beispiele, einem in der Regel mehrheitlich empfundenen Bedürfnis, an die Stelle eines als defizitär angesehenen Zustandes eine bessere Problemlösung zu setzen. Warnende Stimmen, die die jeweilige Lösung als einen Irrweg bezeichneten, blieben nicht aus und hatten insofern recht, als sich in der Konzeptionierung der Neuerung „gesetzmäßig" unerwartete Nebenwirkungen einstellten, in der Perfektionierung unerwünschte Konsequenzen ergaben.

Dennoch plädieren wir aufgrund unserer Untersuchung dafür, mit dem Begriff Irrweg sehr vorsichtig umzugehen. Einseitige Verurteilungen werden dem Handlungszwang zu

Beginn der Innovation, den Intentionen der Neuerer und den Endergebnissen in den seltensten Fällen gerecht. Nicht jede Innovation dient natürlich dem Fortschritt, doch ist ein ausgewogenes Urteil erst in Makroperspektive möglich, die Zeit und Raum (d. h. die affinen gesellschaftlichen Systeme) umgreift. Ein letztes Mal sei hierfür das Zeugnis Jacob Burckhardts gehört:

„(Historische Urteile) verbreiten sich nicht absichtslos, sondern sie werden oft publizistisch verbraucht zu Beweisen für oder gegen bestimmte Richtungen der Gegenwart. Sie gehören mit zu dem umständlichen Gepäck der öffentlichen Meinung und tragen zum Teil sehr deutlich (schon in der Heftigkeit resp. Grobheit ihres Auftretens) den Stempel der betreffenden Zeitlichkeit. Sie sind die Todfeinde der wahren geschichtlichen Erkenntnis." (S. 187)

Literaturverzeichnis

B. Adl-Amini/K. Frey/U. Hameyer:Curriculuminnovation, IPN-Kurzbericht 6, Kiel 1976.
H. Blankertz: Die Geschichte der Pädagogik, Wetzlar 1982
Bund-Länder-Kommission für Bildungsplanung und Forschungsförderung: Modellversuche mit Gesamtschulen. Auswertungsbericht der Projektgruppe Gesamtschule, Bühl 1982
J. Burckhardt: Weltgeschichtliche Betrachtungen, Köln 1954
Deutscher Ausschuß für das Erziehungs- und Bildungswesen: Rahmenplan zur Umgestaltung und Vereinheitlichung des allgemeinbildenden öffentlichen Schulwesens, Stuttgart 1959
ders.: Empfehlungen zum Aufbau der Hauptschule, Stuttgart 1964
Deutscher Bildungsrat, Empfehlungen der Bildungskommission: Strukturplan für das Bildungswesen, Bonn 1970
H. Fend: Gesamtschule im Vergleich. Bilanz der Ergebnisse des Gesamtschulversuchs, Weinheim 1982
A. Flitner: Mißratener Fortschritt, München 1977
W. Heldmann: Studierfähigkeit, Göttingen 1984
H. Herrlitz/W. Hopf/H. Titze: Deutsche Schulgeschichte, Königstein 1981
M. Hoffmann: Die Hauptschule auf dem Weg zur Sonderschule?, Die Deutsche Schule 67, 1975, S. 315 ff.
KMK = Ständige Konferenz der Kultusminister: Vereinbarung zur Neugestaltung der gymnasialen Oberstufe in der Sekundarstufe II vom 7. Juli 1972, Neuwied 1972
B. Kozdon (Hrsg.): Lernzielpädagogik – Fortschritt oder Sackgasse?, Bad Heilbrunn 1981
W. S. Nicklis: Hauptschule als Sekundarschule, Bad Heilbrunn 1970
ders.: Hauptschule, Bad Heilbrunn 1980
U. Preuss-Lausitz: Von der Hauptschule zur Restschule, betrifft: erziehung 8, 1975, S. 46 ff.
Philologenverband Rheinland-Pfalz: Stellungnahme zur geplanten Strukturveränderung der Mainzer Studienstufe, Mitt. des Ph.-V. Rheinland-Pfalz H. 1/1984, S. 4 ff.
A. Redlich/W. Schley: Hauptschulprobleme, München 1980
H.-G. Rolff: Schule im Wandel, Essen 1984
E. Spranger: Das Gesetz der ungewollten Nebenwirkungen in der Erziehung, Heidelberg 1962
K. Westphalen: Neue Hoffnung fürs Gymnasium – das Oberstufencurriculum, Schulmanagement H. 6/1975, S. 38 ff.
ders.: Praxisnahe Curriculumentwicklung, Donauwörth ³1975
ders.: Gymnasialbildung und Oberstufenreform, Donauwörth 1979a
ders.: Was soll Erziehung leisten?, Donauwörth 1979b
ders.: Die Lernziel-Lerninhalts-Problematik, in: Staatsinstitut für Schulpädagogik (Hrsg.): Unterrichtsplanung durch Lernziele, München 1980
ders.: Wissenschaftsorientierung – ein Irrweg der Bildungsreform?, Christ und Bildung 30, 1984, S. 7 ff.

Peter Neukam

Gezählte Jahre?

Gedanken zur jüngsten Geschichte des Gymnasiums in Bayern

„Alles spricht dafür, daß die Tage des Gymnasiums gezählt sind. Es steht übermächtigen objektiven Tendenzen im Wege."[1] Diese 1973 veröffentlichten Sätze eines Gymnasiallehrers trafen auf ein Publikum, das ihnen aus ernsthaft erwogener Überzeugung zustimmte. Die Auffassung, das Gymnasium werde den „bildungspolitischen Hexensabbat nicht überstehen"[2], war den einen eine schlimme Befürchtung, den anderen willkommene Gewißheit; unklar mochte allenfalls noch der Zeitpunkt sein, an dem das Ende des deutschen Gymnasiums eintreten sollte. Man zählte nach Tagen.

Ein rundes Jahrzehnt nach solchem Kassandra-Ruf steht das gymnasiale Schulwesen in Bayern zumindest äußerlich in beachtlicher Blüte und hat nach der Zahl der Schulen den höchsten Stand seiner bisherigen Geschichte erreicht, nach der Zahl der Schüler freilich den Höhepunkt bereits überschritten. Soll man da noch nach den Sorgen und Befürchtungen der 60er und 70er Jahre fragen? Nachforschen, wie Analysen und Kritik an der Bildungsreform aufeinander folgten? Ein Blick auf nur zwanzig Jahre Geschichte des Gymnasiums legt dies nahe. Das Blickfeld mag durch die Ausrichtung auf bayerische Verhältnisse eingeengt sein, es ist auch notwendig beschränkt und facettenhaft durch die unmittelbar fortwirkende Gegenwart gefallener bildungspolitischer Entscheidungen und durch den administrativen Umgang des Verfassers mit dem Gymnasium, und doch soll der zugegeben subjektiv gewählte Versuch einer knappen Rückschau gewagt sein.

Eine Bekanntmachung über den Neuaufbau des höheren Schulwesens in Bayern,[3] die mit Jahresbeginn 1964 erlassen wurde, markiert entscheidende Änderungen in der Struktur der Gymnasien in Bayern. Auch in Bayern war das Gymnasium, d. h. in diesem Zusammenhang vor allem das Humanistische Gymnasium, nach 1945 in enger Anlehnung an die Tradition vor 1933 als Wissenschaftsschule wiedergeboren worden. Gegenteilige Vorstellungen der amerikanischen Besatzungsmacht konnten sich letztendlich nicht behaupten. Das höhere Schulwesen war in der Hauptsache nach Gymnasium, Realgymnasium und Oberrealschule gegliedert wie ehedem,[4] es hatte aber auch die Fragestellungen und Probleme der Vergangenheit übernommen und in eine veränderte Gesellschaft ge-

---

[1] H. Bauer: Das Ende des deutschen Gymnasiums, Freiburg 1973, S. 114.
[2] Klappentext zu Bauer.
[3] Bekanntmachung über den Neuaufbau des höheren Schulwesens in Bayern vom 16. Januar 1964 Nr. VIII 5129, KMBL 1964, S. 1 ff.
[4] Zur Nachkriegsgeschichte des deutschen Gymnasiums vgl. H. Kuss: Das Gymnasium im gesellschaftlichen Wandel der Nachkriegszeit, in: Die höhere Schule 1983, S. 21 ff.

tragen, die nun ihre Ansprüche erhob. Die gegenüber der Weimarer Republik politisch, wirtschaftlich und sozial ausgewogene Wohlstandsgesellschaft der Bundesrepublik Deutschland forderte allmählich Gleichheit auch bei den Bildungschancen. Gleiche Möglichkeiten der schulischen Ausbildung sollten die Kinder der „nivellierten Mittelstandsgesellschaft", wie Schelsky schon 1953 formuliert hatte, nicht nur am Beginn ihres schulischen Weges erhalten, sondern es sollte auch mehr und mehr die Gleichheit am Ziel schulischer Bildung gewährleistet sein. Der Weg zum Abitur mußte verbreitert, Hindernisse auf dem Weg mußten beseitigt werden. Besonderheiten, die bislang die einzelnen Arten der höheren Schulen geprägt hatten, z. B. die Sprachenfolge Latein, Griechisch, Englisch am Humanistischen Gymnasium, mußten zugunsten eines vereinheitlichten Angebotes weichen. Durchlässigkeit und Überschaubarkeit sollten den Eltern die Wahl des gymnasialen Bildungsganges für ihre Kinder erleichtern, Festlegungen auf eine bestimmte Art der höheren Schule sollten möglichst hinausgeschoben, lange Beobachtungszeiten ermöglicht werden. Es lohnt, den einführenden Text der Bekanntmachung vom 16. Januar 1964 noch einmal zu lesen und dazu die Erläuterungen zu vergleichen, die der Leiter der Gymnasialabteilung im bayerischen Kultusministerium den Oberstudiendirektoren im gleichen Jahr vorgetragen hat.[5] Die damals geäußerte Erwartung, nach den Jahren angestrengter Bemühungen um eine innere Reform des Gymnasiums, die unter der Formel „Vertiefung und Konzentration" stand, werde mit den organisatorischen Änderungen des Jahres 1964 Ruhe und Stille eintreten, war allerdings wenig tragfähig. 1964 wurden die Beschlüsse des Deutschen Philologenverbandes in Göttingen gefaßt, die das Festhalten des Gymnasiums am Leistungsprinzip forderten, da Begabungen für jedes Volk den wertvollsten Besitz darstellten; 1964 entwarf aber auch Georg Picht seine Vision einer deutschen Bildungskatastrophe, die sich in einem Ende des wirtschaftlichen Aufschwunges manifestieren werde, weil qualifizierte Nachwuchskräfte fehlten. Qualifikation aber wurde nicht allein von Georg Picht mit dem Abiturzeugnis gleichgesetzt. Das Gymnasium war zum Gegenstand der gesellschaftsverändernden Kräfte in der Politik geworden. Es wurde von ihnen vereinnahmt. Die 1965 auch in Bayern für alle Formen der höheren Schule einheitlich verwendete Bezeichnung Gymnasium und die Durchzählung der Klassen des Gymnasiums im Anschluß an die vier vorausgegangenen Grundschuljahre waren nur äußere Zeichen dafür, daß das Gymnasium auf dem Wege war, zur allgemeinen Schule zu werden, zur Vergabestelle für Lebenschancen an eine breitere Mehrheit der Bevölkerung. Übertrittsquote und Abiturientenquote waren die magischen Zahlen der Bildungspolitik und zugleich Maßstab der Leistungsfähigkeit der Länder in der Bundesrepublik Deutschland geworden. Sollte das Gymnasium unter dieser politischen Vorgabe seine Gestalt und sein inneres Selbstverständnis bewahren können, selbst in Bayern?

---

[5] E. Höhne: Gedanken zur Neuordnung des Höheren Schulwesens in Bayern, Anregung 10, 1964, S. 73 ff.

Der Grundtenor, mit dem die Phase der Reformen und Veränderungen, der Experimente und großangelegten Versuche in Bayern angegangen wurde, mochte den Wohlmeinenden hoffen lassen, dem Skeptiker war genug Anlaß zu Zweifel und Ablehnung gegeben. Er konnte sich noch beruhigen, wenn er 1965 aus amtlichem Munde hörte: „Es muß immer wieder deutlich gemacht werden: Eine Schulreform kann nicht ein Denkgebilde sein, das in einem einmaligen Akt am Schreibtisch konzipiert wird, sondern sie muß etwas sein, was organisch wächst und erst allmählich durch Berührung mit der Wirklichkeit Gestalt gewinnt."[6] Die Forderungen nach gänzlicher Veränderung der überkommenen Unterrichtsfächer und Bildungsinhalte aber, die in Saul B. Robinsohns Broschüre „Bildungsreform als Revision des Curriculum" 1967 erhoben wurden, das Verlangen, den geltenden Bildungskanon den Erfordernissen der Zeit entsprechend zu aktualisieren, gingen für viele Gymnasiallehrer zu weit, zumal für jene, die vor dem Zweiten Weltkrieg selbst noch das Gymnasium in Form der Wissenschaftsschule als Schüler erlebt und dann nach Kriegsdienst, Gefangenschaft und oftmals mühseligem Studium den Unterricht nach selbsterfahrenen Vorbildern aufgenommen hatten. Ein entscheidender Träger des Reformgedankens in Bayern, selbst Angehöriger dieser Lehrergeneration, liegt mit seinem Urteil wohl nicht fehl, wenn er 1968 äußerte: „Wer nach der Wirksamkeit von Reformen im gymnasialen Bereich fragt, kann die Tatsache nicht übersehen, daß der Gymnasiallehrer gegenüber den tradierten Formen und Inhalten seiner Berufstätigkeit im allgemeinen ein deutliches Beharrungsvermögen zeigt. Das ist nicht von vorneherein negativ zu werten ..."[7]. Die Feststellung aber, „... im Grunde steht alles, was wir nach dem letzten Kriege an Reformversuchen in unseren Gymnasien wagen, unter dem Signum der Improvisation ..."[8], mochte bei den Kritikern den Verdacht nähren, auch die Neugestaltung der gymnasialen Oberstufe, von der immer wieder die Rede war und für die Modelle erprobt wurden, werde den Charakter des Flüchtigen und Improvisierten erhalten und damit vielleicht eine schulpolitische Episode von kurzer Dauer sein. Die Zeichen der Zeit standen diesmal anders. Das Gymnasium lag zu sehr im Blickpunkt des öffentlichen Interesses, als daß Veränderungen in seiner Struktur gewissermaßen intern abgehandelt werden konnten. Verbände und politische Parteien, die Westdeutsche Rektorenkonferenz und der Deutsche Bildungsrat trugen ihre Vorstellungen in die Öffentlichkeit, niemand bezweifelte die Reformbedürftigkeit des Gymnasiums, das Ziel der größeren Gleichheit in den Bildungschancen dominierte. „Allen Staatsbürgern soll es möglich sein, den gleichen Anspruch auf Bildung in verschiedenen Formen und auf verschiedenen Anspruchsebenen zu realisieren,"[9] hatte die Bildungskommission des Deutschen

---

[6] E. Höhne: Wende in der Bildungspolitik, Anregung 11, 1965, S. 217 ff.
[7] K. Lanig: Die Oberstufenreform der Gymnasien als Generationenproblem, Anregung 14, 1968, S. 289 ff.
[8] Lanig, Oberstufenreform S. 295.
[9] Zitat nach K. Westphalen: Zur Zeitgeschichte der gymnasialen Bildung, in: Dialog Schule und Wissenschaft, Bd. 11, München 1979, S. 239.

Bildungsrates gefordert. Mit den Sätzen, „Es geht darum, möglichst alle Glieder der heranwachsenden Generation möglichst genau auf *ihre* Zukunft vorzubereiten. Das ist ein ebenso nüchternes wie utopisches Vorhaben, dessen humane Legitimation wir freilich niemals in Frage stellen sollten,"[10] wurde den bayerischen Gymnasiallehrern ein Weg zur Erfüllung solcher Forderungen gewiesen. Mögliche Auswirkungen der Reform auf das Niveau und die Leistungsfähigkeit des Gymnasiums wurden gesehen,[11] aber für viele stand auch in Bayern fest: „Die Bildungsreform ist die Chance des Gymnasiums."[12]

Ob das Gymnasium diese Chance in vollem Umfang genutzt hat, können letztlich wohl erst Untersuchungen klären, die in größerem zeitlichen Abstand zu dem Jahrfünft der angestrengten Versuchsarbeit zwischen 1970 und 1975 stehen. Daß diese Reformphase einmal einen besonderen Platz in der Geschichte des Gymnasiums in Bayern beanspruchen darf, wird jedoch schon am Umfang des Vorhabens und an der äußeren Form seiner Durchführung deutlich. 13 Gymnasien nahmen im September 1970 den Versuch mit der Kollegstufe unmittelbar auf, im Februar 1971 folgten 24 weitere, die mit der zweiten Schuljahreshälfte in den Klassen der elften Jahrgangsstufe die Vorbereitung auf einen nach Leistungs- und Grundkursen gegliederten Unterricht in den letzten beiden Gymnasialjahren begannen. „Ihre Anzahl macht den bayerischen Versuch zum größten seiner Art innerhalb der Bundesrepublik Deutschland,"[13] konnte der Direktor des Staatsinstituts für Schulpädagogik 1971 feststellen, und als 1972 der bayerische Staatsminister für Unterricht und Kultus unter dem bewußten Motto „Schulreform in Bayern" die Kollegstufe am Gymnasium in einer eigenen Veröffentlichung[14] vorstellte, wollte er damit auch die angebliche Rückständigkeit Bayerns im Schulwesen widerlegt wissen. Nach seinen Worten erwies sich dabei die Arbeit an den Lehrplänen als der Motor der Oberstufenreform. Das neugeschaffene Staatsinstitut für Schulpädagogik sollte „die Reform der Lehrpläne unter übergreifenden und wissenschaftlichen Gesichtspunkten betreiben, andererseits aber in einer Vielzahl von Arbeitskreisen, in denen qualifizierte Lehrer mitwirken, die Belange der schulischen Praxis einbeziehen"[15]. Als weitere Voraussetzung für die Schulreform wurde die Koppelung von Lehrplanrevision und Lehrerfortbildung betrachtet, die durch eine eigens gegründete Akademie für Lehrerfortbildung in Dillingen gewährleistet sein sollte. Mit dieser Ausstattung begann die Schulreform in Bayern ihr Eigenleben zu entwickeln. Bei der Rückschau fällt auf, wie sehr die Administration während der Reformphase hinter der pädagogischen, methodischen und didaktischen Inno-

---

[10] K. Lanig: Der Gymnasiallehrer vor den Problemen der Bildungsreform, Anregung 17, 1971, S. 2 ff.
[11] „Es sollte niemanden wundern, daß eine solche Dominanz des Sozialen erst einmal die Tendenzen der Nivellierung begünstigt." Lanig, Gymnasiallehrer S. 5.
[12] Lanig, Gymnasiallehrer S. 8.
[13] K. Lanig, Vorwort zu: Kollegstufenarbeit in den Alten Sprachen 1, München 1971, S. 5.
[14] Schulreform in Bayern, Bd. 2, hrsg. vom Bayerischen Staatsministerium für Unterricht und Kultus, München 1972.
[15] Schulreform S. 9

vation zurücktrat. Trat damit aber auch das Gymnasium mit seinem überkommenen Bildungsauftrag zurück, wie damals viele befürchteten?

Die Ansätze zur Schulreform und die Zielsetzungen und Erwartungen, die von gesellschaftlichen und politischen Gruppen damit verknüpft wurden, zeigten zweifellos neben einer egalisierenden vor allem auch eine ahistorische Tendenz, die nicht von vornherein als bewußtes Produkt der Reformvorhaben in Erscheinung trat, sondern mehr als Begleitumstand der Reflexionen über die in ihrem Normenverständnis atomisierte, in ihrem Streben nach Erfüllung individueller Ansprüche aber schon nahezu wieder gleichgeschaltete pluralistische Gesellschaft. „Will sie leben und überleben, so muß sie ihren Blick statt auf die Vergangenheit auf die Gegenwart und auf die Zukunft lenken",[16] bemerkte Karl Bayer 1971 und kennzeichnete die damalige Zeit als eine, „die sich aus den Traditionen lösen will und dies auch zu können meint, in der geschichtliches Denken und herkömmlicher Umgang mit Sprache bestenfalls auf Gleichgültigkeit, zusehends auf scharfen Widerspruch stoßen"[17]. Als Lehrer der Fächer Griechisch und Latein, die bislang zum Grundbestand des geschichtlich gewachsenen Gymnasiums gehörten, waren die Altphilologen in besonderem Maße aufgerufen, eine Revision ihrer Gegenstände und Methoden unter dem Gesichtspunkt der Lernzielbestimmung zu vollziehen. „Es hängt sehr viel für die altsprachlichen Fächer davon ab, ob es ihnen gelingen wird, mit Hilfe einer neuen Methode, die wissenschaftlichen Ansprüchen von heute genügt, ein Lernzielangebot zu finden, das durch gesellschaftliche Brauchbarkeit und Transfereffekt motivierend wirkt,"[18] so wurde 1971 die Aufgabe der Altphilologen beschrieben. Dreizehn Jahre danach glauben wir für die Alten Sprachen feststellen zu können, daß die Aufgabe zumindest in einem sehr beachtlichen, für das Fortbestehen des Gymnasiums nicht unbedeutenden Umfang gelöst werden konnte. Diese Entwicklung verdiente eine eigene Untersuchung, die den Rahmen dieses kurzen Rückblicks übersteigen würde, sie zählt jedenfalls als Faktum in der jüngsten Geschichte des Gymnasiums in Bayern.[19]

Je näher der Betrachter der eigenen Gegenwart rückt, um so schwerer wird es ihm, jene Ereignisse und Kräfte herauszufinden, die im Bezugsfeld des Gymnasiums mit Gesellschaft, Politik und staatlicher Verwaltung letztlich von Belang waren oder noch sind. Eine Beobachtung scheint allerdings zutreffend: das Geschick des Gymnasiums ist stets dort besonders berührt, wo es als aufnehmende Schule und wo es als abgebende Schule in Erscheinung tritt. Schulversuche mit der Orientierungsstufe, Modifikationen des Aufnahmeverfahrens, Sorge um schwindende Schülerzahlen an den weiterführenden Schularten kennzeichnen die eine empfindliche Stelle des Gymnasiums, Pläne für selbständige

---

[16] K. Bayer: Curricula in den Alten Sprachen, in: Kollegstufenarbeit in den Alten Sprachen 1, München 1971, S. 8.
[17] Bayer, Curricula S. 9.
[18] K. Westphalen: Zum Lernzielprogramm der Alten Sprachen auf der Kollegstufe, in: Kollegstufenarbeit in den Alten Sprachen 1, München 1971, S. 23.
[19] Siehe dazu allerdings jetzt F. Maier: Lateinunterricht zwischen Tradition und Fortschritt, Bd. 2, Bamberg 1984, bes. S. 40 ff. und 151 ff.

Oberstufenzentren, Diskussionen um den Wegfall der 13. Schuljahres und Eingangsprüfungen an der Universität die andere. Die eigentlich mit dem Gymnasium in keinem unmittelbaren Zusammenhang stehenden Regelungen des Numerus clausus, der mit Landeskinderbonus, Länderquoten, einheitlichen Prüfungsanforderungen, Testverfahren und zentraler Vergabestelle tiefe Wirkungen auf die zur Regelform der gymnasialen Oberstufe gewordene Kollegstufe erzielte, lassen es gerechtfertigt erscheinen, die Geschichte des Gymnasiums während der letzten zwanzig Jahre insgesamt vor allem als die Geschichte seiner Oberstufe zu betrachten. Unter diesem Blickwinkel wird in der jüngsten Geschichte des Gymnasiums in Bayern hinter allen Reformen eine Konstanz der Grundhaltungen sichtbar, die im Ländervergleich besonders bemerkenswert ist. Schon 1965 verlangte der damalige Leiter der Gymnasialabteilung bei der Eröffnung neuer Reformüberlegungen zur Oberstufe die Beachtung zweier Voraussetzungen. Die eine lautet: „Mehr Abiturienten, aber ohne daß das Niveau des Abiturs gesenkt wird." Die zweite: „Wir müssen festhalten an der eigenständigen und unverkürzten 9jährigen Höheren Schule."[20] 1977 können wir lesen: „Von dieser Sorge um die Kontinuität des gymnasialen Bildungskonzepts und vom Gedanken an die Leistungs- und Studierfähigkeit unserer Abiturienten waren die bayerischen Kollegstufenplanungen von der ersten Stunde an bestimmt."[21] Als 1980 in erneuten Gesprächen zwischen Westdeutscher Rektorenkonferenz und Kultusministerkonferenz die Studierfähigkeit der Abiturienten erörtert wurde, konnte Bayern darauf verweisen, daß seine Kollegstufenreform zu einem Kern von Fächern geführt habe, „deren Gegenstände bei sachgerechter Vermittlung und hinreichender Aneignung Allgemeinbildung und Studierfähigkeit erzeugen"[22]. Die Diskussionen um eine menschliche Schule, die Erörterungen von Schulangst und Schulstreß Mitte der 70er Jahre und die aus der Gesellschaft erhobenen Forderungen nach Fünftagewoche und Entlastung der Mittelstufe waren bei solchen Überlegungen nicht vergessen, sie standen aber stets vor dem Hintergrund, daß ein gewisses Maß an Leistungsbereitschaft und Leistungsfähigkeit unabdingbare Voraussetzung gymnasialen Unterrichts sei. „Die Forderung nach einer menschenwürdigen und humanen Schule ist voll zu unterschreiben. Es wäre aber verhängnisvoll, wenn man in dieser Forderung einen Widerspruch zur Forderung nach schulischer Leistung sehen wollte."[23] In Lehrplänen und Schulordnungen für die Gymnasien in Bayern wurde diese Verknüpfung von Schülerfreundlichkeit und Forderung von Leistungen immer wieder spürbar. Vielleicht liegt darin ein Grund, daß auch und gerade die Jahre der Reform und des Umbruchs für das Gymnasium in Bayern Jahre waren, die mehr gezählt haben, als daß sie im Hinblick auf ein prophezeites Ende des Gymnasiums gezählt waren.

---

[20] E. Höhne: Wende in der Bildungspolitik, Anregung 11, 1969, S. 225 f.
[21] E. Kitzinger: Zur Situation des Gymnasiums im Schuljahr 1976/77, Anregung 23, 1977, S. 12.
[22] K. Bayer: Das Abitur in der neugestalteten Oberstufe, Bericht vor dem 9. Bayerischen Hochschultag 1983, Manuskript.
[23] E. Kitzinger: Zur Situation des Gymnasiums im Schuljahr 1981/82, Anregung 28, 1982, S. 15.

Ludwig Häring

BASIC und PASCAL gegen Latein?

In einer spritzigen, auch mit etwas Sarkasmus geschriebenen Glosse belächelt H. Antony[1] mit einer gewissen Berechtigung das Bemühen, etwa durch Übersetzen der „Mickymaus" ins Lateinische Latein zu einer lebendigen Sprache zu machen oder „Neue Wege zum großen Latinum" zu erschließen. Nicht wenige unserer Fachkollegen halten – noch heute oder heute noch mehr – vieles von dem, was aus dem (vermeintlichen) Zwang der Zeit heraus den klassischen Sprachen an Anpassung abverlangt wurde, für eine völlig unnötige, oft übereilig erbrachte Modetorheit. Ob in den siebziger Jahren eine Alternative zur curricularen Phase überhaupt bestanden hätte oder gegen den Zeittrend hätte durchgestanden werden können – diese Überlegung freilich wird von ihnen mehr oder weniger vom Tisch gewischt. Daß diese zwei vergangenen Jahrzehnte sowohl eine quantitative als auch eine qualitative Einbuße (tatsächliche Kenntnisse der Schüler) für die Fächer Latein und Griechisch gebracht haben und daß sich diese Tendenz fortsetzt, muß als Tatsache registriert werden, ohne daß damit irgendein Hinweis auf ursächliche Zusammenhänge gegeben ist.

Ist etwa auch die derzeit hochaktuelle, von Politik und Wirtschaft favorisierte Öffnung des Gymnasiums hin zur Arbeitswelt eine neue, modisch gewebte und geschneiderte Zwangsjacke, die sich eine traditionell davon abgewandte Schulart aus Opportunitätsgründen anziehen läßt?

Skeptisch bedenkend, „wer jetzt auf einmal in die Schule hinein darf", stehen Alt-, Neuphilologen und Germanisten – mehr als die Natur- und Gesellschaftswissenschaftler – in großer Mehrheit abseits und wiegen sich in der Hoffnung, daß auch dieser verordnete ‚Fieberanfall' vorüberziehe und einigermaßen heil für Schulart, eigene Fächer und betroffene Lehrer überstanden werden könne – nach dem landesweit bekannten Slogan: „Ich habe schon viele Reformen unbeschadet überstanden …!"

Falls das sich bietende Erscheinungsbild gestattet, daß schulischen Entwicklungen dieser Art das Etikett des Unmotiviert-Plötzlichen, des bloß Modischen oder des Einseitigen angeklebt werden kann, bleibt vor vielen der noch so gute pädagogische Kern verdeckt, ist die Sache selbst entwertet.

So betrachten auch nicht wenige unserer Kollegen die augenblickliche Bildungsdiskussion um Informatik, EDV, Computertechnologie und die Forderung nach Einführung eines entsprechenden Pflichtfaches für alle Schüler als eine von der Wirtschaft oder Technik inkompetenterweise aufgezwungene Zeiterscheinung, der sich das Gymnasium zwar

---

[1] H. Antony: Neue Wege zum Großen Latinum, Das Gymnasium in Bayern 1984, H. 8/9, S. 41.

nicht entziehen könne, die aber von Latein- und Griechischlehrern zu Recht ignoriert werde; denn die in der Themenstellung dieses Beitrags angedeutete Alternative eines Schulfaches „Informatik" gegen ein Schulfach „Latein" stelle sich nicht oder nicht so, daß sich eine intensive Auseinandersetzung mit diesem Gegenstand lohne.

Mit aller Vorsicht und Bereitschaft zur Revision seien in der derzeitigen Situation einige Überlegungen vorgetragen. Sie dienen dem Ziele, die fachliche Diskussion unter Altphilologen in diesem Problembereich möge ausgelöst bzw. verbreitert werden:

1. Technik und Arbeitswelt sind heute eine Lebenswirklichkeit existentiellen Ausmaßes für jedes Mitglied unserer Gesellschaft und die Gesellschaft selbst. Einer auf neun Jahrgangsstufen angelegten Schulart Gymnasium steht es nicht frei, diese Lebenswirklichkeit als Bildungs- und Ausbildungsgegenstand zu ignorieren. Bei der derzeitigen Aktualisierung dieses Themas über alle Schularten hinweg sind – wie oben angedeutet – die Gefahren der Einseitigkeit, der Zufälligkeit und der Oberflächlichkeit in der Auseinandersetzung auf der schwankenden Basis geringer Kenntnisse – ohne Eigenerfahrung der Lehrer und Schüler – durchaus gegeben. Der Latein- und Griechischlehrer wird weder seine Fächer zu Leitfächern in diesem Bildungsbereich machen wollen noch deren Lerninhalte vordergründig danach ausrichten müssen, aber er hat sein didaktisches Strukturgitter danach abzutasten, wo seine Fächer – im Sinne eines „Humanismus" für Menschen an der Schwelle des dritten Jahrtausends[2] – ihren Standort im Bildungskonzept dieser Zukunft haben werden. Dies bedeutet ein grundsätzliches Ja zum Einbezug dieser Wirklichkeit in das gesamte Bildungsgeschehen und in die didaktischen Überlegungen jedes Faches.

2. Die Mikroelektronik ist ein so bestimmender Faktor der wirtschaftlichen und gesellschaftlichen Entwicklung, daß auch die allgemeinbildende Schule der Gegenwart und Zukunft massiv von ihr tangiert sein wird. Im Vergleich zu ihrer existentiellen Mächtigkeit waren programmierter Unterricht und die gesamte Curriculumdiskussion Methodenvarianten bzw. intellektuelle Gedankenspiele von Bildungstheoretikern, Bildungspolitikern, Didaktikern und vollziehenden Pädagogen. Mikroelektronik ist ein von der realen Lebenswirklichkeit aufgezwungenes Curriculum: als Ausbildungserfordernis ebenso wie noch mehr als Bildungsproblem bezüglich ihrer Auswirkungen.

Derzeit besteht über weite Teile der Bundesrepublik hin relative Übereinstimmung darin, daß in den 8. und/oder 9. Jahrgangsstufen der allgemeinbildenden Schulen Grundkenntnisse in Informatik vermittelt werden sollten. Der zeitliche Umfang dieses Unterrichts wird auf 40–80 Unterrichtsstunden angesetzt. Zwei Modelle werden vor allem diskutiert: Ableistung dieses Unterrichts in einem bzw. mehreren Blöcken *oder* Einbindung

---

[2] F. Maier: Sprach- und kulturhistorische Fächer ohne Zukunftschancen?, Gymnasium 91, 1984, S. 195. Zur Gesamtthematik wird dieser Aufsatz insgesamt (177–201) sehr empfohlen.

in Fächer des traditionellen Fächerkanons (mit Bindung an ein Leitfach z. B. in Baden-Württemberg). Die Befürworter der Einführung eines eigenen Faches sind eine zahlenmäßige Minderheit.

Darin besteht die Gefahr einer übereilten Einführung ohne vorherige Diskussion der didaktischen Integration in Fach und Fächerkanon.[3]

Die in Bayern seit Anfang der siebziger Jahre begonnene behutsame Einführung der Informatik unterscheidet sich wohltuend von der Hektik bildungspolitischer Maßnahmen anderswo. Sicher ist die Bewältigung dieser Aufgabe weniger vom Stundenumfang abhängig als vom Gelingen der Einbettung des neuen Lerngegenstandes in den geistigen Horizont der Lehrer und des Faches, d. h. wie von der Lehrerschaft Informatik verwoben wird mit dem Kontext ihres Wissens.[4]

3. Obwohl weder in der Literatur noch in der Diskussion Übereinstimmung darüber besteht, was künftig *jeder* Schüler in Informatik als Pflichtprogramm absolvieren müsse, gibt es doch formulierte Bildungsbehauptungen und Bildungserwartungen in diesem Zusammenhang:

Vorteile eines reflektierten Computereinsatzes werden in der Unterstützung der Ausbildung u. a. folgender intellektueller Fähigkeiten (allgemeine Lernziele) gesehen:

– logisch-dynamisches Denken, Argumentieren, Urteilen
– Klassifizieren, Ordnen, Spezialisieren, Analysieren, Formalisieren
– geistige Beweglichkeit, Kreativität
– systematisches Lösen von Problemen
– Mathematisieren
– genaues Arbeiten.[5]

Die Konkretisierung des „Pflichtwissens Informatik" für einen Schüler der 9. Jahrgangsstufe liest sich folgendermaßen:

„Die Lehrplanelemente zur Vermittlung von Grundkenntnissen über Computer und Informatik sind so abgefaßt, daß folgende konkrete Ziele angestrebt werden können:

– der Schüler soll die Fähigkeit erwerben, für einfache Aufgaben Lösungen zu finden, die mit einem Computer ausgeführt werden können;

---

[3] Prof. Dr. Rüdiger Loos, Karlsruhe, warnt in diesem Zusammenhang davor, daß über das trojanische Pferd „Rechner" das High-School-Bildungsniveau in unsere Schulen importiert werden könnte. Das Verbot der Rechner in der Schule sei eine Möglichkeit der Reaktion, die andere Möglichkeit, unsere Bildungstradition auf diese neue Möglichkeit hin zu durchdenken und neu zu orientieren (nach einem Vortrag im IPN Kiel am 12. 11. 1984).
[4] Loos – sinngemäßes Zitat aus o.g. Vortrag.
[5] Gundel/Schupp: Computerdialog und Simulation im Stochastikunterricht, 1984, zitiert nach Vortragsmanuskript H. Mandl: Förderung der kognitiven Entwicklung durch Computereinsatz; 14. 11. 1984, S. 1.

– der Schüler soll außerdem lernen, die gefundenen Lösungsabläufe systematisch zu beschreiben;
– der Schüler soll exemplarisch die wichtigsten Elemente einer geeigneten Benutzersprache kennenlernen und einfache Programme auch selbst erstellen;
– der Schüler soll verschiedene Einsatzbereiche des Computers wie Verarbeitung von Daten, Steuern von Geräten, Simulation und die Lösung mathematischer Aufgaben praktisch kennenlernen und dabei den Rechner als universell programmierbar, aber auch seine Grenzen, kennenlernen;
– schließlich soll der Schüler etwas über die Auswirkungen der modernen Formen der Datenverarbeitung auf Gesellschaft und Arbeitswelt erfahren.

Unterricht ohne praktische Programmierübungen vermag Schüler schwer zu motivieren. Jeder Schüler sollte Gelegenheit erhalten, am Computer eigenständig Programme zu entwickeln und zu testen."[6]

4. Wenn die Frage legitim ist, wie künftig das Pflichtwissen in Informatik auf Schülerseite definiert sein sollte, ist auch die Frage zu stellen, wie die Mindestanforderung an *jeden* Lehrer in diesem Bereich beschrieben werden kann.

Diesbezüglich ein geringeres Problem ist die Fort- und Ausbildung der *Informatik*lehrer selbst, was den Inhalt anbelangt, wohl aber was die Kapazitäten betrifft. Keinerlei inhaltliche Konzepte gibt es aber derzeit dafür, welche kognitiven und technischen Fähigkeiten u. a. dem Latein-, Deutsch-, Englischlehrer durch Lehrerfortbildung in Informatik vermittelt werden sollten.

Auf der hier gebotenen Abstraktionsebene könnte man vielleicht in folgende Richtung denken.

Wiederum seien zur Anbahnung der Diskussion einige Aussagen gewagt:

Der Lehrer soll befähigt werden,[7]
– im Rahmen der Didaktik seiner Fächer mit dem Computer zu arbeiten,
– angebotene Soft-ware nach fachdidaktischen und methodischen Kriterien seiner Fächer zu beurteilen,
– die Schüler im Umgang mit diesem Medium im Fachunterricht zu unterrichten,
– die Schüler mit den Problemen des Computers und seinen Auswirkungen zu konfrontieren.

---

[6] Ministerium für Unterricht und Sport, Baden-Württemberg: Neue Medien und Moderne Technologien in der Schule. Stand, Ziele, Maßnahmen (1984), S. 15.
[7] Anregungen verdanke ich Gesprächen mit Dr. Hans Simonis aus Speyer.

5. Der Altphilologe, von seinem Gegenstand her leicht – oft auch unbegründet – im Verdacht der Rückständigkeit, hat stets fortbildungsbeflissen auf unumgängliche Neuerungen reagiert. Bevor etwa Lehrerfortbildung im eben genannten Sinne für ihn einsetzen könnte, muß die fachliche und fachdidaktische Diskussion über folgende Fragen geführt, muß in diesen Fragen ein *Minimalkonsens* erzielt werden,

– ob und wie diese „vierte Kulturtechnik" – so wird sie nicht selten neben Lesen, Schreiben und Rechnen bezeichnet – in den Kontext der Fächer Latein und Griechisch und in den Wissenskontext der Altphilologen einbezogen werden kann,
– welche Nutzungsmöglichkeiten das Medium „Computer" für den Unterricht dieser beiden Sprachen anbietet,
– welche Soft-ware vorhanden ist, welche Qualität sie hat, was entwickelt werden sollte,
– ob und wie die kommerziellen Angebote (z. B. derzeit elektronisches Lexikon und Vokabellernprogramm für Commodore-Rechner) genutzt werden können – zur individuellen Förderung von Kindern sowie zur Imagepflege (?) des Faches.

6. Abgesehen von der realen Möglichkeit, daß bei unserem System der Fächerwahl tatsächlich die Informatik statt Latein gewählt werden wird – siehe Thema dieses Beitrags –, sehe ich im Augenblick nicht die Gefahr oder Möglichkeit der Revolutionierung der Lateinstunde durch den Computer:

– Die Soft-ware-Entwicklung ist kaum angepackt. Die Theoriediskussion befaßt sich – soweit sie im Soft-ware-Bereich der Schule überhaupt stattfindet – mit Problemen, die in den siebziger Jahren ebenfalls bekannt waren. Kommerziell angebotene Programme anderer Fächer, sog. Drill- und Trainingsprogramme, haben vielfach den Qualitätsstandard sehr früher, daher veralteter Buchprogramme. Die Soft-ware-Situation für die Schule ist gekennzeichnet von einer riesigen Diskrepanz zwischen dem denkbar Möglichen und dem tatsächlich verfügbaren Angebot.
– Bei Übertragung von Einweg-Buchprogrammen auf den Rechner sind die spezifischen Möglichkeiten des Lernmediums im Sinne der Individualisierung nicht genutzt.
– Die alte Überlegung, der Computer könne bei gewissen kognitiven Vermittlungsprozessen die Qualität des einzelnen Lehrers weit übertreffen, stimmt rational-logisch, verengt aber die Betrachtungsweise auf einen Teilbereich des Lernens, auf diesen Vorgang der Informationsübermittlung beispielsweise, und verkennt dabei die Tatsache, daß das Sitzen des Schülers vor dem Bildschirm (wieviel Attraktiveres in bester technischer Qualität sieht er im Fernsehen, auch via Videokassetten! Wieviel Stunden verbringt er täglich vor dem Gerät?) und das monotone Betätigen der Tastatur ähnliche Abnützungseffekte herbeiführt wie seinerzeit der übertriebene Einsatz von Buchprogrammen. Der vielgescholtene Lehrer ist unersetzlich und auf die Dauer attraktiver als jedes Medium.

7. Die Soft-ware-Entwicklung kann nur von Fachkollegen, nicht von Computer-Spezialisten geleistet werden. Die geforderte Theorie- und Fachdiskussion unter didaktisch-sensiblen, schulisch-erfahrenen und in EDV fortgebildeten Kollegen sollte sofort beginnen und vorsichtig die Richtung weisen, die unsere Fächer auch im Computer-Zeitalter wählbar und attraktiv macht[8], die den Latein- und Griechischlehrer nicht als Computerspezialisten, sondern als kompetenten Pädagogen an der Schwelle des dritten Jahrtausends ausweist. Wenn die pädagogische Bewältigung des Problems jetzt nicht angegangen wird, ist die Chance aktiver Mitgestaltung vertan. Denn Gestaltungsspielraum und die Phantasie aller Pädagogen sind nötig, damit wir als Menschen das Phänomen „Computer" transzendieren, es physisch und psychisch bewältigen können.

Persönlich glaube ich,
- daß derzeit keine Prognose im Sinne eines pädagogischen Rezepts gewagt werden sollte, weil es Spielräume verengt und den Anschein einer Lösung oder Lösungsmöglichkeit erweckt – im Gegenteil, die Diskussion soll angeregt werden,
- daß sich die Altphilologen dieser Herausforderung stellen müssen, wie sie sich auch früher in vorderster Front der Bildungsdiskussion gestellt haben,
- daß sie keinesfalls in ein hektisches Bemühen verfallen sollten, den Computer über das Maß der Zweckdienlichkeit hinaus übereilt – wegen einer billigen Aktualität – in den Lateinunterricht einzuführen,
- daß sie zu einem Beitrag berufen sind, den Computer zu „entmythologisieren", auch um den Preis des Erwerbs von Kenntnissen und Fähigkeiten auf dem Niveau eines „Computer-Führerscheins" (Klaus Häfner),
- daß sie befähigt sind, in der Konkurrenz ihrer Kultursprachen mit der unendlich verarmten Zwecksprache der Rechner einen wesentlichen Beitrag zu einem neuen Humanismus zu leisten,
- daß bei den Altphilologen und Geisteswissenschaftlern insgesamt nicht die Priorität der Bemühungen auf die Beherrschung, Bedienung und Anwendung dieser Maschinen gelegt werden darf, sondern auf die Überlegung, wie ihr Beitrag zu einer wahrhaft humanistischen Bildung in einem Zeitalter der Roboter und Denkautomaten aussehen kann.

Die Themafrage müßte demnach ganz eindeutig so beantwortet werden: BASIC und PASCAL *mit* Latein!

---

[8] Diesbezüglich kann F. Maiers Aufsatz (s. Anm. 2) richtungsweisend sein. Erforderlich ist das Weiterdenken und Konkretisieren.

Schriftenverzeichnis Karl Bayer

1. Sprache – Literatur – Geschichte

Der Suetonische Kern und die späteren Zusätze der Vergilvita.
Diss. München 1952. (Masch.-Schr. vervielfältigt).

Antike Literatur.
In: D. Krywalski, Handlexikon zur Literaturwissenschaft.
F. Ehrenwirth Verlag München 1974, 34–40.

Textausgaben

Platon, Phaidon. Text und Vorbereitungsheft.
C.C. Buchners Verlag Bamberg 1958.

Die Vergilviten, mit J. und Maria Götte.
E. Heimeran Verlag München 1958 (in: Vergil, Aeneis); 1970, 1977 (in: Vergil, Landleben); Artemis Verlag München/Zürich 1981 (in: Vergil, Landleben).

Vorsokratiker. Auswahl aus Fragmenten und Berichten. Textband und Kommentar.
Bayerische Verlagsanstalt Bamberg 1962, 1969, 1977, 1983.

Cicero, Über das Fatum. Lateinisch-deutsch.
E. Heimeran Verlag München 1963, 1976, 1980.

Theodor Mommsen, Die Gracchen (Römische Geschichte IV 2–4), mit einem Nachwort und Anmerkungen.
Ph. Reclam jun. Stuttgart 1963.

Julius Caesar, Der Gallische Krieg. Mit Bemerkungen Napoleons I. nach der Übersetzung von Ph.L. Haus, mit W. Hess.
Rowohlt Reinbek bei Hamburg 1965 ff.

Justin, Philosoph und Märtyrer. Die erste Apologie. Text und Kommentar.
Kösel Verlag München 1966.

Sophokles, Tragödien und Fragmente.
Griechisch und deutsch, mit W. Willige.
E. Heimeran Verlag München 1966.

Vergil, Auswahl aus dem Gesamtwerk.
Text und Vorbereitungsheft.
C.C. Buchners Verlag 1968, 1980.

Cicero, Vom Wesen der Götter. Lateinisch – deutsch, mit W. Gerlach.
E. Heimeran Verlag München 1978.

Vorsokratisches Denken in lateinischen Texten. Textband und Kommentar.
Bayerische Verlagsanstalt Bamberg 1981.

Lehrwerke

Lectiones Latinae. Lateinisches Unterrichtswerk/Neufassung, Bd.5: Übungsbuch für die fünfte Klasse (Obertertia).
C.C. Buchners Verlag Bamberg, J. Lindauer Verlag München, R. Oldenbourg Verlag München 1964, ²1970.

Lateinische Grammatik, mit J. Lindauer.
C.C. Buchners Verlag Bamberg, J. Lindauer Verlag München, R. Oldenbourg Verlag München 1974, ²1984.

Theaterbauten der Antike.
J. Lindauer Verlag München 1984.

Vokabeltrainer: Lateinische Verben, mit G. Fink.
C.C. Buchners Verlag Bamberg, J. Lindauer Verlag München, R. Oldenbourg Verlag München 1985.

Interpretationen

Platons Phaidon im Unterricht?
In: DASIU 5 (1957) H.1, 10–17; H. 2/3, 11–16.

Vorfragen in einer Lektürestunde der 6. Klasse (Livius 21,6–12).
In: Anregung 3 (1957) 297–302.

Nil mortalibus ardui est. Eine Möglichkeit der thematischen Dichterlektüre im Lateinunterricht der Oberstufe des humanistischen Gymnasiums.
In: DASIU 7 (1959), H.2, 4–12; H.3/4, 6–12.

Peter Rosegger, „Der Weichenwärter". Behandlung eines Lesestückes im Deutschunterricht der 4. Klasse.
In: Anregung 5 (1959) 324–329.

Laudumque immensa cupido.
Kurzinterpretation zu Augustinus, de civitate dei V 18.
In: DASIU 9 (1961) H. 5/6, 13–24.

Horaz, Satire 1,10. Kurzinterpretation.
In: Anregung 7 (1961) 90–95.

Die Abhalfterung. Versuch einer Querverbindung zwischen Ciceros Reden und Briefen.
In: Anregung 9 (1963) 31–34.

Wider die permanente Revolution. Zur Interpretation von Ciceros Rede pro Sex. Roscio Amerino.
In: Anregung 9 (1963) 312–319.

Interpretationsprotokolle, mit H. Schober.
In: Anregung 12 (1966) 160–172.

Caesar im Unterricht.
In: Das Bildungsgut des Gymnasiums, Klassische Reihe, Bd. IV. Bayerischer Schulbuch-Verlag München 1968, 67–92.

Felix qui mores multorum vidit et urbes.
In: Festschrift zum 65. Geburtstag von Otmar Bohusch. IGP München 1970, 29–47.

Lernziele der Caesar-Lektüre.
Interpretation der Dumnorix-Kapitel (BG 5, 1–8).
In: Der altsprachliche Unterricht 15 (1972) H. 5, 5–25.

Lernziele der Caesar-Lektüre. Resümees zu den Kölner Vorträgen.
In: Mitteilungsblatt des Landesverbandes Nordrhein-Westfalen im DAV 21 (1973) H. 4, 6–7.

Vorsokratikerlektüre im Lateinuntericht?
In: Dialog Schule – Wissenschaft 13. Bayerischer Schulbuch-Verlag München 1980, 110–159.

Der Dichter Vergil gibt dem mächtigen Octavian einen Rat. Zur Vorgeschichte des 16. Januar 27 v.Chr.
In: Anregung 28 (1982) 45.

Weltseele.
Zu Platon, Timaios 34a8 bis 36d7.
In: Anregung 28 (1982) 354–360.

Antike Welterklärung,
ausgehend von Ciceros Timaeus sive de universo.
In: Dialog Schule – Wissenschaft 17. Bayerischer Schulbuch-Verlag München 1983, 122–148.

Römer kritisieren Römer.
Zu Livius 38,44,9 – 50,3.
In: Anregung 30 (1984) 15–17.

Athenische Realpolitik.
Zu Thuk. VI 76–88.
In: Festschrift für Franz Egermann, hrsg. von W. Suerbaum/F. Maier, München 1985, 57–65.

Methodik und Didaktik

Die Wurzeln des Lateinelends.
Lehren aus der Statistik einer Schulaufgabe.
In: DASIU 5 (1957) H. 2/3, 16–19.

Möglichkeiten moderner Methoden im Lateinunterricht.
In: Moderner Unterricht an der Höheren Schule. Festschrift des Wittelsbacher-Gymnasiums München, Bayerischer Schulbuch-Verlag München 1959, 89–116.

Der Lateinunterricht der Oberstufe vor neuen Aufgaben.
In: Anregung 8 (1962) 176–177.

Mitgeschrieben ...
In: Anregung 8 (1962) 176–177.

Ein Extemporale zum Abschluß der Vorsokratikerlektüre. (Zur Vorsokratikerlektüre)
In: Anregung 10 (1964) 317–320.

Das Volumen des lateinischen Schulwortschatzes.
In: Anregung 13 (1967) 117–118.

Das Prinzip der partiellen Identität. Methodologisches zur „Neudarbietung" im lateinischen Grammatikunterricht.
In: Anregung 13 (1967) 414–416.

Der lateinische Anfangsunterricht.
In: Die Anfangsklassen des Gymnasiums. Bayerischer Schulbuch-Verlag München 1968, 109–120.

Curricula in den alten Sprachen.
In: IGP-Kollegstufenarbeit in den alten Sprachen. Bayerischer Schulbuch-Verlag 1971, 7–18.

Literaturüberblick Curriculum.
In: Anregung 17 (1971) 266–273.

Zu den Lernziel-Komponenten.
In: Anregung 18 (1972) 61–65.

Leistungsbewertung

Zur Schulaufgabenkorrektur.
In: Anregung 12 (1966) 105–112.

Unzeitgemäßes Plädoyer für den Probeunterricht.
In: Die Anfangsklassen des Gymnasiums. Bayerischer Schulbuch-Verlag München 1968, 38–42.

Zur neuen Oberstufe: Neue Formen der Schulaufgabe in den Alten Sprachen.
In: Anregung 15 (1969) 302–312.

Die mündliche Leistung und ihre Bewertung.
In: Anregung 16 (1970) 124–125.

Konstruktionsfehler.
In: Anregung 18 (1972) 235–240.

Reifeprüfung 1974 (Interview).
In: die Schulfamilie 23 (1974) 97–101.

Durchschnittsnoten.
In: die Schulfamilie 24 (1975) 49–52.

Zur Objektivierung der Leistungsmessung. Bewertung altsprachlicher Schul- und Prüfungsaufgaben.
In: Anregung 21 (1975) 95–101.

Objektivierung der Leistungsmessung, dargestellt an der Negativ-Korrektur.
In: Leistungsmessung im altsprachlichen Unterricht. Verlag L. Auer Donauwörth 1976, 38–46.

Telemetrische Pädagogik?
In: Anregung 22 (1976) 289–290.

Besprechungen

Die Satiren und Briefe des Horaz, hrsg. von H. Färber und W. Schöne. E. Heimeran Verlag München [2]1953/54.
In: Gnomon 26 (1954) 130–131.

H. Drexler, Horaz. Lebenswirklichkeit und ethische Theorie. Vandenhoeck & Ruprecht Göttingen 1953.
In: Gnomon 26 (1954) 204–205.

Vitae Vergilianae antiquae, ed. C. Hardie (Appendix Vergiliana, ed. R. Ellis). Oxford 1954.
In: Gnomon 27 (1955) 97–101.

K. Kraft, Der goldene Kranz Caesars und der Kampf um die Entlarvung des „Tyrannen". Verlag M. Laßleben Kallmünz 1952/3.
In: Geschichte in Wissenschaft und Unterricht, Bd. 7 (1956) 713–714.

Q. Horatius Flaccus, erkl. von A. Kießling und R. Heinze, mit einem Nachwort und bibliographischen Nachträgen versehen von E. Burck. Weidmann Verlag Berlin: I. Teil Oden und Epochen [8]1955.
In: Gymnasium 64 (1957) 195–198.

Horaz, Die Gedichte, übertragen und mit dem lateinischen Text, hrsg. von R. Helm. A. Kröner Verlag Stuttgart o.J.
In: Gymnasium 64 (1957) 198–200.

Q. Horatius Flaccus, erkl. von A. Kießling und R. Heinze, mit einem Nachwort und bibliographischen Nachträgen versehen von E. Burck. Weidmann Verlag Berlin: II. Teil Satiren [6]1957, III. Teil Briefe [5]1957.
In: DASIU 6 (1958) H. 4/5, 13–16.

L. Voit, Raetia Latina. Quellenlesebuch zur Geschichte der römischen Donauprovinzen. Schwann Verlag Düsseldorf o.J.
In: Die Höhere Schule 1960, 191–192.

H. Kähler, Rom und seine Welt. Bilder zur Geschichte und Kultur. Erläuterungen. Bayerischer Schulbuch-Verlag München 1960.
In: DASIU 9 (1961) H. 3/4, S. 21–23.

Plato's Phaedo, translated with introduction and commentary by R. Hackforth. The Liberal Arts Press New York o.J. (1960).
In: Gymnasium 69 (1962) 98–100.

W. Jäkel und S. Erasmus, Lehrerkommentar zu Platons Apologie. E. Klett Verlag Stuttgart o.J. (1963).
In: Gymnasium 71 (1964) 119–122.

Praktika g' paidagogikoy synedrioy en Thessalonike. Problemata anakyptonta ek tes didaskalias ton archaion Hellenikon (Tagungsbericht vom 5. bis 7.12.1963).
In: Anregung 10 (1964) 434.

N. Wilsing, Die Praxis des Lateinunterrichts. Bd. I: Probleme des Sprachunterrichts. E. Klett Verlag Stuttgart ²1964.
In: Gymnasium 72 (1965) 246–249.

Antike Geisteswelt, hrsg. von W. Rüegg. Artemis Verlag Zürich/Stuttgart ²1964.
In: Gymnasium 73 (1966) 269–270.

Interpretationen, hrsg. vom Landesinstitut für den altsprachlichen Unterricht Nordrhein-Westfalen in Köln. C. Winter Verlag Heidelberg 1964.
In: Gymnasium 74 (1967) 79–82.

W. Jäkel, Methodik des altsprachlichen Unterrichts. Quelle & Meyer Heidelberg ²1966.
In: Gymnasium 74 (1967) 449–451.

A. Zimmermann, Tyche bei Platon. Diss. Bonn 1966.
In: Gymnasium 74 (1967) 461–463.

Altsprachlicher Unterricht, bearb. von H. Heusinger. (Quellen zur Unterrichtslehre, hrsg. von G. Geißler, Bd. 12). J. Beltz Verlag Weinheim 1967.
In: Mitteilungsblatt des DAV 10 (1967) H. 4, 10–11.

R. Payne, Der Triumph der Griechen. Das antike Griechenland und seine Kultur, aus dem Englischen übers. von I. Wingen und M. von Czedik. H.G. Günther Verlag Stuttgart 1966.
In: Gymnasium 75 (1968) 176–178.

M. Brocker, Aristoteles als Alexanders Lehrer in der Legende. Diss. Bonn 1966.
In: Gymnasium 75 (1968) 293–295.

Conférences de la Société d' Études Latines de Bruxelles, ed. G. Cambier, Bruxelles 1967.
In: Gymnasium 75 (1968) 400–402.

W. Kastner, Die griechischen Adjektive zweier Endungen auf -ος (Indogermanische Bibliothek, 3. Reihe). C. Winter Verlag Heidelberg 1967.
In: Gymnasium 75 (1968) 479–481.

C. Schneider, Kulturgeschichte des Hellenismus, Bd. 1. C.H. Beck Verlag München 1967.
In: Gymnasium 76 (1969) 143–144.

B. Wyss, Vom verborgenen griechischen Erbe. Rektoratsrede, gehalten an der Jahresfeier der Universität Basel am 24. November 1967. Helbing & Lichtenhahn Verlag Basel 1968.
In: Gymnasium 77 (1970) 52–53.

C. Schneider, Kulturgeschichte des Hellenismus, Bd. 2. C.H. Beck Verlag München 1969.
In: Gymnasium 77 (1970) 441–442.

C. Vossen, Mutter Latein und ihre Töchter. GFW-Verlag Düsseldorf ²1970.
In: Anregung 16 (1970) 142–143.

A. Klinz, Der Unterricht in den alten Sprachen und die politische Bildung (Schriftenreihe der niedersächsischen Landeszentrale für Politische Bildung) 1969.
In: DASIU 18 (1970) H. 1, 17.

Interpretationen lateinischer Schulautoren mit didaktischer Einführung, hrsg. von H. Krefeld. Hirschgraben Verlag Frankfurt a.M. 1970.
In: Gymnasium 79 (1972) 250–251.

A. Fingerle, Lateinische Stilübungen. M. Hueber Verlag München 1965.
In: Mitteilungsblatt des DAV 16 (1973) H. 1, 25.

R. Nickel, Altsprachlicher Unterricht. Neue Möglichkeiten seiner didaktischen Begründung. WBG Darmstadt 1973 (EdF 15).
In: Gymnasium 81 (1974) 422–423.

P. Barié: Die „mores maiorum" in einer vaterlosen Gesellschaft. Ideologiekritische Aspekte literarischer Texte, aufgezeigt am Beispiel des altsprachlichen Unterrichts. M. Diesterweg Verlag Frankfurt a.M. 1973.
In: Gymnasium 82 (1975) 130–131.

Cicéron, De Natura Deorum, Livre premier, ed. M. van den Bruwaene. Latomus Bruxelles 1970 (Coll. Latomus 107).
In: Gymnasium 84 (1977) 57–59.

Erziehung und Bildung in der heidnischen und christlichen Antike, hrsg. von H.-Th. Johann. WBG Darmstadt 1976 (WdF 377).
In: Gymnasium 84 (1977) 551–552.

J. Heurgon, Die Etrusker, aus dem Französischen übers. von Irmgard Rauthe-Welsch. Ph. Reclam jun. Stuttgart ²1977.
In: Anregung 23 (1977) 349–350.

R. Flacelière, Griechenland. Leben und Kultur in klassischer Zeit, aus dem Französischen übers. von E. Pack. Ph. Reclam jun. Stuttgart 1977.
In: Anregung 23 (1977) 419.

H.-J. Glücklich, Lateinische Lektüre in der Sekundarstufe I. IPTS Arbeitspapiere 2401/78 Kronshagen bei Kiel 1977.
In: Anregung 24 (1978) 136.

P. Montet, Ägypten. Leben und Kultur in der Ramses-Zeit, aus dem Französischen übers. von R. Scheer. Ph. Reclam jun. Stuttgart 1978.
In: Anregung 24 (1978) 272.

Cicéron, De Natura Deorum, Livre II, ed. M. van den Bruwaene. Latomus Bruxelles 1978 (Coll. Latomus 154).
In: Gymnasium 86 (1979) 105–106.

Cicéron, De Natura Deorum, Livre III, ed. M. van den Bruwaene. Latomus Bruxelles 1981 (Coll. Latomus 175).
In: Gymnasium 89 (1982) 343–345.

Zu den Besprechungen von „Cursus Latinus".
In: Der altsprachliche Unterricht 21 (1978) H. 5, 68–70.

W. F. Kugemann, Kopfarbeit mit Köpfchen. Moderne Lerntechnik. J. Pfeiffer Verlag München ¹²1977.
In: Anregung 24 (1978) 67.

Latein und Europa. Traditionen und Renaissancen, hrsg. von K. Büchner. Ph. Reclam jun. Stuttgart 1978.
In: Anregung 24 (1978) 341.

F. Scherf/F. Schütz, Geschichtsunterricht und Archiv. Erfahrungen und Möglichkeiten.

Landesarchivverwaltung Rheinland-Pfalz Koblenz 1978.
In: Anregung 24 (1978) 342.

H. Lemp, Herodes Attikus. Bauherr und Mäzen der Antike. W. Unverhau Verlag München 1978.
In: Anregung 25 (1979) 138.

H. M. Braem, Übersetzer-Werkstatt. dtv München 1979.
In: Anregung 25 (1979) 348.

Alte Sprachen 1, hrsg. von J. Gruber/F. Maier (Handbuch der Fachdidaktik für fachdidaktisches Studium in der Lehrerbildung, hrsg. von J. Timmermann). R. Oldenbourg Verlag München 1979.
In: Anregung 25 (1979) 418.

W. Berger/R. Scheer, Die Latein-Matura. Ein Führer zu Matura und Abitur mit Übungstexten und Erklärungen. W. Braumüller Verlag Wien ³1978.
In: Anregung 25 (1979) 418.

P.-M. Duval, Gallien. Leben und Kultur in römischer Zeit, aus dem Französischen übers. von C. H. Steckner. Ph. Reclam jun. Stuttgart 1979.
In: Anregung 26 (1980) 136.

Berichte

Studiengang für Altphilologen an der Universität München.
In: Mitteilungsblatt des DAV 10 (1967) H. 4, 5–8.

Semaine d'études (Genf 16. bis 21.10.1967).
In: Anregung 13 (1967) 431.

Tagung des Deutschen Altphilologenverbandes (17. bis 19. April 1968 in Berlin).
In: Anregung 14 (1968) 286–287.

Lektürepläne: Latein.
In: DASIU 17 (1969) H. 3, 8–17.

Drei Jahre IGP.
In: DASIU 17 (1969) H. 3, 17–19.

Studienwoche der Schweizer Gymnasiallehrer (Interlaken 11. bis 16.10.1971).
In: Anregung 17 (1971) 428–429.

Gespräch mit Prof. Dr. Saul B. Robinsohn
(Berlin 8. Februar 1972).
In: Mitteilungsblatt des DAV 15 (1972) H. 1,
25–26.

Nachruf

In memoriam Friedrich Klingner (7.7.1894 bis
26.1.1968).
In: DASIU 16 (1968) H. 1/2, 2.

2. Bildungspolitik

Allgemeinbildung

Ungeliebte Schule? Festrede zur 75-Jahr-Feier
des Reuchlin-Gymnasiums Ingolstadt.
In: die Schulfamilie 24 (1975) 220–228; 25 (1976)
21–22.

Das Gymnasiale am Gymnasium.
In: Anregung 21 (1975) 364.

Was ist Allgemeinbildung?
In: Anregung 27 (1981) 3–4.

Gymnasiale Bildung in technischer Umwelt.
In: Erziehungswissenschaften und Beruf, Vierteljahreszeitschrift für Unterrichtspraxis und
Lehrerbildung. Merkur Verlag Rinteln 1983, 4.
Sonderheft, 58–64.

Die alten Sprachen im Konzept der Allgemeinbildung.
In: Anregung 30 (1984) 145–157.

Die allgemeine Hochschulreife aus der Sicht der
Schule. (Reform des Abiturs – neuer Zugang zur
Hochschule?)
In: St. Jakobushaus, Akademie der Diözese Hildesheim 1984, 2–16.
In: Gymnasium in Niedersachsen, Zeitschrift des
Philologenverbandes Niedersachsen 4/84,
S. 250–264.
In: Anregung 31 (1985) 73–84.

Die alten Sprachen im Konzept der Allgemeinbildung. (Kurzfassung eines Festvortrags).
In: die Schulfamilie 33 (1984) 9–13.

Fremdsprachen

Spionage-Skandal in Bonn, mysteriöse Selbstmorde ... oder: Wie tot sind die toten Sprachen?
In: DASIU 17 (1969) H. 2, 6–9.

Differenzierter Einstieg in die Fremdsprachen.
In: die Schulfamilie 19 (1970) 121–125.

Offenheit des Geistes – durch Griechisch gefördert.
In: Süddeutsche Zeitung 23./24.5.1970.

Unsere Sprachschwierigkeiten.
In: DIE ZEIT 29.5.1970.

Soll mein Kind Latein lernen?
In: Lindauers häuslicher Unterricht, Bd. 1, 1971,
15–19.

Angebot der Antike.
In: Humanismus und Schule. Fragen und Antworten unserer Zeit. Schriftenreihe des Arbeitskreises für katholische freie (private) Schulen,
Bd. 13. Birkeneck 1972, 141–160.

Griechisch. Stellung des Fachs und curriculare
Gestaltung der Lehrpläne.
In: E. Römisch, Griechisch in der Schule.
Hirschgraben Verlag Frankfurt a.M. 1972,
11–34.

GONG-Latein.
In: DASIU 24 (1977) H. 2, 4–10.

Lehn- und Fremdwörter auf -el.
In: DASIU 24 (1977) H. 3, 3–12.

Neugestaltung der Oberstufe

Arbeitsschwerpunkt Oberstufe.
Bericht auf der Seminarlehrertagung vom 20.
November 1967.
In: Anregung 14 (1968) 112–116.

Vorarbeiten für eine Neugestaltung der Oberstufe in Bayern.
In: Mitteilungsblatt des DAV 13 (1970) H. 1,
S. 6–8.

Zur neuen Oberstufe. Hausaufgaben auf der Oberstufe.
In: Anregung 15 (1969) 217–227.

L' école machine?
In: DASIU 18 (1970) H. 2/3, 2–11.
In: Mitteilungsblatt des DAV 14 (1971) H. 1, 3–10.

Klassenloses Gymnasium,
In: Nürnberger Zeitung 15.5.1970.

Die Erarbeitung des Kollegstufenmodells.
In: Schulreform in Bayern. München: KM, Bd. 2, 365–375.

Kollegstufe (Berichte aus dem IGP).
In: Anregung 17 (1971) 39–40.

Die Kollegstufe in der Seminarausbildung.
In: Anregung 17 (1971) 43–46.

Kollegstufe – Profil nach Wahl.
In: schulreport 1973, H. 2, 1–5.

Kollegstufe – Freiheit mit System.
In: schulreport 1974, H. 2, 14–15.

Kollegstufe – was ist das?
In: die Schulfamilie 24 (1975) 151–157.

Auf föderativem Fundament: Bayerns Kollegstufe.
In: schulreport 1975, H. 4, 1 u. 3.

Der mißverstandene Leistungskurs.
In: Plädoyer für Erziehung. Verlag Ludwig Auer Donauwörth 1975, 223–233.

Der Fall kam vor der Planung. Zu Albert von Schirndings Beitrag über die Kollegstufe.
In: Süddeutsche Zeitung vom 6./7.3.1976.

Altes im Neuen.
In: 450 Jahre Melanchthon-Gymnasium Nürnberg. 1976, 154–158.

Kollegstufe. KM beantwortet sieben Interview-Fragen.
In: die Schulfamilie 25 (1976) 179–186.

Kollegstufe. Ein Merkblatt,
mit G. Sommer und K. Joschko.
C. Link Verlag Kronach 1977, 1978.

Fächer und Lehrpläne.
In: schulreport 1977, H. 4, 7–9.

Aktuelles zur allgemeinen Einführung der Kollegstufe im Schuljahr 1977/78.
In: die Schulfamilie 26 (1977) 172–181.

Die Reform braucht Beständigkeit.
In: abi-Berufswahlmagazin 2 (1978) H. 5, 9–10.

Fragen zum Thema Kollegstufe (Interview).
In: die Schulfamilie 28 (1979) 105–107.

Kollegstufe. Rückblick – Ausblick.
In: die Schulfamilie 30 (1978) 177–182.

Kollegstufe. Vademecum für die Kurswahl in der Jahrgangsstufe 11.
In: die Schulfamilie 31 (1982) 35–39.

Neue Maßstäbe sind gesetzt.
In: die Schulfamilie 31 (1982) 166–174.

Vier Jahre Kollegstufe: Ein kritischer Rückblick.
In: die Schulfamilie 32 (1983) 99–107.

Besprechungen

Wir und die Schule. Eine Schriftenreihe der Zeitschrift „die Schulfamilie".
In: Neues Land 11 (1959) H. 2, 46.

Gesamtverzeichnis der Festschriften und Jahresberichte 1955/56 bis 1962/63 (der Schulen Österreichs) mit einer Übersicht über die Schulpublikationen von 1945/46 bis 1954/55, Bd. 2, hrsg. von W. Krause. Österreichischer Bundesverlag Wien/München 1966.
In: Anregung 13 (1967) 431.

H. Krefeld, Berufsvorbereitung und grundlegende Geistesbildung. Heutige Aufgaben des Gymnasialunterrichts (Probleme der humanistischen Bildung 9). M. Diesterweg Verlag Frankfurt a.M. 1967.
In: Gymnasium 75 (1968) 280–281.

Zur Ausbildung der Lehrer an Gymnasien. Denkschrift, hrsg. von der Arbeitsgemeinschaft Deutsche Höhere Schule, bearb. von W. Heldmann. Vandenhoeck & Ruprecht Göttingen 1968.
In: DASIU 17 (1969) H. 2, 9–11.

K. Sochatzy, Das Neuhumanistische Gymnasium und die rein-menschliche Bildung. Zwei Schulreformversuche in ihrer weiterreichenden Bedeutung. Vandenhoeck & Ruprecht Göttingen 1973.
In: Gymnasium 81 (1974) 170–171.

Umstrittene Jugendliteratur. Fragen zu Funktion und Wirkung, hrsg. von H. Schaller.
J. Klinkhart Verlag Bad Heilbrunn 1976.
In: Anregung 23 (1977) 211.

ADIEU 76. Auswahl-Dienst 1976: Informationen für Erziehung und Unterrricht. Verlag für Pädagogische Dokumentation Duisburg 1977.
In: Anregung 23 (1977) 212.

Pädagogischer Jahresbericht 1975, Bd. 3: Gesamtregister. Verlag für Pädagogische Dokumentation Duisburg 1975.
In: Anregung 23 (1977) 419.

Beihefte zum BIB-report. Verlag für Pädagogische Dokumentation Duisburg 1977.
In: Anregung 24 (1978) 66.

L. Kerstiens, Erziehungsziele neu befragt.
J. Klinkhardt Verlag Bad Heilbrunn 1978.
In: Anregung 24 (1978) 136.

M. Jung/W. Zimmermann, Kommentierte Bibliographie Pädagogik. E. Klett Verlag Stuttgart 1979.
In: Anregung 25 (1979) 417–418.

K. Westphalen, Gymnasialbildung und Oberstufenreform. Verlag Ludwig Auer Donauwörth 1979.
In: Anregung 25 (1979) 417.

J. Borucki, Gymnasium in neuer Zeit.
J.W. Naumann Verlag Würzburg 1980.
In: Anregung 26 (1980) 276.

Praxishandbuch Unterricht. Grundwissen für den Lehrer, hrsg. von G.-B. Reinert.
Rowohlt Verlag Reinbek bei Hamburg 1980.
In: Anregung 26 (1980) 346.

3. Herausgebertätigkeit

Cursus Latinus für Latein als zweite Fremdsprache.
Texte und Übungen, 3 Bde. seit 1972.
Grammatische Beihefte, 3 Bde. seit 1973.
Methodische Beihefte, 2 Hefte seit 1973.
Arbeitshefte, 2 Hefte seit 1974.
System-Grammatik, seit 1979.
C.C. Buchners Verlag Bamberg, J. Lindauer Verlag München, R. Oldenbourg Verlag München.

Cursus Novus. Lateinisches Unterrichtswerk in zwei Bänden.
Texte und Übungen, 2 Bde. seit 1981.
Gramm. Beihefte, 2 Bde. seit 1981.
Arbeitshefte, 2 Hefte seit 1983.
C.C. Buchners Verlag Bamberg, J. Lindauer Verlag München, R. Oldenbourg Verlag München.

Lateinische Wortkunde, mit E. Happ.
C.C. Buchners Verlag Bamberg, J. Lindauer Verlag München, R. Oldenbourg Verlag München, seit 1976.

Mediothek, mit G. Fink und F. Maier, seit 1973.
C.C. Buchners Verlag Bamberg, J. Lindauer Verlag München R. Oldenbourg Verlag München, seit 1973.

Neues vom Cursus. Informationen über das lateinische Unterrichtswerk Cursus Latinus, seit 1976, bisher 25 Nrn.

Fundus. Materialien zum Unterricht in der Kollegstufe, bisher 19 Bde.
Verlag Ludwig Auer Donauwörth, seit 1979.

Didaktische Reihe für den Sekundarbereich, bisher 9 Bde.
Verlag L. Auer Donauwörth, seit 1974.

Reihe Tusculum, mit H. Färber, M. Faltner, M. Fuhrmann, G. Jäger.
E. Heimeran Verlag München 1977 bis 1980;
Artemis Verlag München, seit 1981.

Anregung. Zeitschrift für Gymnasialpädagogik, 22 (1976) bis 30 (1984), zuletzt mit A. Städele.
Jahresregister 1 (1955) bis 18 (1972).
Bayerischer Schulbuch-Verlag München.

Autorenverzeichnis

Häring, Ludwig, Direktor der Akademie für Lehrerfortbildung in Dillingen, Kardinal-von-Waldburg-Straße 6–7, 8880 Dillingen

Heitsch, Ernst, Dr. phil., Professor für Klassische Philologie an der Universität Regensburg, Mattinger Straße 1, 8400 Regensburg

Hölscher, Uvo, Dr. phil., em. Professor für Klassische Philologie an der Universität München, Georgenstraße 20, 8000 München 40

Maier, Friedrich, Dr. phil., Oberstudiendirektor an der Universität München, Vorsitzender des Landesverbandes Bayern im Deutschen Altphilologenverband, Mitterlängstraße 13, 8039 Puchheim-Ort

Naumann, Heinrich, Dr. phil., Oberstudienrat i.R., Lehrbeauftragter an der Universität Bonn († 24.1.1985), Im Hag 2a, 5300 Bonn 2

Neukam, Peter, Ministerialrat im Bayerischen Staatsministerium für Unterricht und Kultus, Gudrunstraße 2, 8034 Germering

Pfister, Raimund, Dr. phil., Gymnasialprofessor i.R., Pötschnerstraße 8, 8000 München 19

Rieger, Ernst, Studiendirektor und Referent für Alte Sprachen am ISB-München, Römerstraße 128, 8011 Aschheim

Schirnding, Albert von, Studiendirektor und Seminarleiter am Ludwigsgymnasium München, Egling 2, 8195 Harmating

Schober, Hans, Studiendirektor und stellvertretender Leiter des Wittelsbacher-Gymnasiums München, Kazmairstraße 61, 8000 München 2

Schönberger, Otto, Dr. phil., Oberstudiendirektor i.R., Schulweg 16, 8702 Gerbrunn

Städele, Alfons, Dr. phil., Ministerialrat im Bayerischen Staatsministerium für Unterricht und Kultus, Dohlenweg 10, 8011 Vaterstetten

Suerbaum, Werner, Dr. phil., Professor für Klassische Philologie an der Universität München, Amalienstraße 81, 8000 München 40

Voit, Ludwig, Dr. phil., Oberstudiendirektor i.R., Stargarder Straße 10, 8000 München 81

Westphalen, Klaus, Dr. phil., Professor für Pädagogik an der Pädagogischen Hochschule Kiel, Seestraße 7, 2308 Preetz